Célia Lucius,
Santa Marina

Semelhanças entre as
biografias católicas
e o romance
50 ANOS DEPOIS
de Francisco Cândido Xavier
e Emmanuel

Flávio Mussa Tavares

Célia Lucius, Santa Marina

Semelhanças entre as
biografias católicas
e o romance
50 ANOS DEPOIS
de Francisco Cândido Xavier
e Emmanuel

VINHA
DE LUZ

SERVIÇO EDITORIAL

Belo Horizonte
2008

EDIÇÃO: VINHA DE LUZ - Serviço Editorial
Departamento Editorial da Fecfas - Fraternidade Espírita Cristã Francisco de Assis
Rua Coroaci, 50 - Vista Alegre - Belo Horizonte - MG
30512-650 - Tel.: (31) 3386-2334 - www.fecfas.org.br

COORDENAÇÃO EDITORIAL | REVISÃO TÉCNICO-CIENTÍFICA
Célia Maria de Oliveira Soares

PROJETO GRÁFICO | CAPA | DIREÇÃO DE ARTE
Luiz Augusto da Costa

FOTOGRAFIA DA CAPA
Disponível em: <http://www.santamarinapolistena.it>. Acesso em: 06 jun.2007.

DIAGRAMAÇÃO
Célia Maria de Oliveira Soares

REVISÃO DE TEXTOS
Célia Maria de Oliveira Soares | Flávio Mussa Tavares | Geraldo Lemos Neto

FALE COM O AUTOR:
flaviotav@gmail.com

1ª edição - junho 2008 | 3.000 exemplares

Dados Internacionais de Catalogação na Publicação (CIP)
(Câmara Brasileira do Livro, SP, Brasil)

Tavares, Flávio Mussa
    Célia Lucius, Santa Marina : semelhanças entre
as biografias católicas e o romance 50 anos
depois de Francisco Cândido Xavier : Emmanuel /
Flávio Mussa Tavares . -- Belo Horizonte : Vinha
de Luz, 2008 .

    Bibliografia .

    1 . Espiritismo 2 . Marina da Bitínia, Santa
3 . Mediunidade 4 . Reencarnação 5 . Santas cristãs -
Biografia I . Título.

08-04264   CDD-133.9092

Índices para catálogo sistemático :

1. Célia Lucius, Santa Marina : Analogia
        biográfica : Espiritismo   133.9092

Dedicatória

Este livro é dedicado, em primeiro lugar, ao meu pai, Clóvis Tavares, que foi quem encontrou a primeira evidência de que Célia Lucius é histórica.

É também dedicado à minha mãe, Hilda, que manteve a tradição de estudar aspectos da biografia de Célia Lucius anualmente, em suas classes de *Novo Testamento*.

A Rubens Fernandes Carneiro, diretor doutrinário da *Escola Jesus Cristo*, que, como fiel continuador da obra de Clóvis Tavares, tem mantido a memória viva de Célia Lucius.

À nossa estimada Wanda Amorim Joviano, que tem oferecido aos espíritas brasileiros uma face pouco conhecida da mediunidade de Chico Xavier, abrindo mão da particularidade das comunicações que ocorreram na Fazenda Modelo, em Pedro Leopoldo | MG, para proveito geral.

À sempre lembrada Suzana Maia Mousinho, que também evoca a memória deste excelso espírito em suas palestras, e a quem muito devemos.

Ao nosso estimado Geraldo Lemos Neto, que tem sido um divulgador incansável da obra de Chico Xavier.

À memória de Eduardo Carvalho Monteiro, historiador espírita, amigo e incentivador.

E a todos que souberem receber e aproveitar as bênçãos oferecidas pela nobre Célia, e aos que seguirem sua doce exemplificação.

Agradecimentos

Ao meu irmão Celso Vicente, que muito me auxiliou na revisão e na tradução do francês e do italiano.

Ao meu irmão Luís Alberto, que me propiciou fundamentar aspectos científicos da amamentação em mães adotivas.

Ao amigo André Marinho, que traduziu algumas passagens do catalão, enriquecendo as referências históricas de Célia Lucius.

Aos meus amigos Benjamin Alves e Roseleni Machado, que pesquisaram inúmeras imagens de Santa Marina e dos locais por onde ela peregrinou, em sua curta passagem por este mundo.

Ao caro colega Marcus Renato Carvalho, que contribuiu com importantes subsídios sobre o aleitamento adotivo.

À minha esposa Rosane e aos meus filhos, Pedro, Juliana, Isabel, Saulo, Frederico e Alexandre, que têm exercido redobrada paciência ante as minhas reiteradas ausências em função do interminável labor literário.

Epígrafe

(...) No "Há 2000 anos..." buscávamos encarecer uma época de luzes e sombras, onde a materialidade romana e o Cristianismo disputavam a posse das almas, num cenário de misérias e esplendores, entre as extremas exaltações de César e as maravilhosas edificações em Jesus Cristo. Ali Públio Lentulus se movimenta num acervo de farraparias morais e deslumbramentos transitórios; aqui, entretanto, como o escravo Nestório, observa ele uma alma.

Refiro-me a Célia, figura central das páginas desta história, cujo coração, amoroso e sábio, entendeu e aplicou todas as lições do divino Mestre, no transcurso doloroso de sua vida. Na seqüência dos fatos, dentro da narrativa, seguirás os seus passos de menina e de moça, como se observasses um anjo pairando acima de todas as contingências da Terra.

Santa pelas virtudes e pelos atos de sua existência edificante, seu espírito era bem o lírio nascido do lodo das paixões do mundo para perfumar a noite da vida terrestre, com os olores suaves das mais divinas esperanças do céu.

(...) É a história de um sublime coração feminino, que se divinizou no sacrifício e na abnegação, confiando em Jesus, nas lágrimas da sua noite de dor e de trabalho, de reparação e de esperança. A igreja romana lhe guarda, até hoje, as generosas tradições, nos seus arquivos envelhecidos, se bem que as datas e as denominações, as descrições e apontamentos se encontrem confusos e obscuros pelo dedo viciado dos narradores humanos.

(...) Conhecendo, porém, que todas as dores têm uma finalidade gloriosa na redenção do teu espírito, lê esta história real e medita. Os exemplos de uma alma santificada no sofrimento e na humildade ensinar-te-ão a amar o trabalho e as penas de cada dia; observando-lhe os martírios morais e sentindo, de perto, a sua profunda fé, experimentarás um consolo brando, renovando as tuas esperanças em Jesus Cristo.

Busca entender a essência deste repositório de verdades confortadoras e, do plano espiritual, o espírito purificado de nossa heroína derramará em teu coração o bálsamo consolador das esperanças sublimes.

Que aproveites do exemplo, como nós outros, nos tempos recuados das lutas e das experiências que passaram, é o que te deseja um irmão e servo humilde,

EMMANUEL
Pedro Leopoldo, 19 de dezembro de 1939.[1]

---

[1] Excertos do prefácio do livro *50 anos depois*. XAVIER, Francisco Cândido. *50 anos depois*. Ditado pelo espírito de Emmanuel. Rio de Janeiro: Federação Espírita Brasileira, 1940. p. 8-10.

Sumário

Apresentação

Nosso amigo Flávio Mussa Tavares dispensa apresentações. Filho do estimado casal Clóvis e Hilda Mussa Tavares, nasceu num ambiente onde se respirava uma atmosfera de paz e harmonia, concórdia e união. Seus genitores conheceram-se quando ambos visitavam a querida cidade de Pedro Leopoldo | MG, berço natal do amado médium Chico Xavier.

Travando seu primeiro contato na companhia de Chico, Clóvis e Hilda constituíram uma família admirável de cinco filhos: Carlos Vitor (o Carlinhos), Margarida Maria, Flávio, Luís Alberto e Celso Vicente. A Doutrina Espírita, revivendo o Evangelho de Jesus para todos nós na atualidade, sempre lhes foi alicerce seguro em todas as direções.

Clóvis Tavares foi o fundador da *Escola Jesus Cristo*, de Campos, Estado do Rio de Janeiro, que desde 27 de outubro de 1935, portanto, há quase 73 anos, desempenha o exemplar compromisso de divulgação e assistência espírita-cristã nesta cidade do norte fluminense.

A estreita amizade com o médium Chico Xavier lhes valeu muitas e sublimes alegrias. Uma convivência que lhes trouxe muitas bênçãos de esclarecimentos e consolações em família, sobre as quais sugiro a leitura do livro *A morte é simples mudança,* de autoria espiritual do Carlinhos, que traz singelos poemas psicografados por Chico Xavier e comentários de nosso caro Flávio. De seu pai, Clóvis, destacamos a excelente biografia de Chico Xavier, *Trinta anos com Chico Xavier*, o magnífico *Amor e sabedoria,* de Emmanuel, e o *De Jesus para os que sofrem*, todos publicados pelo IDE - Araras | SP.

Esta amizade, inclusive, rendeu à família Tavares a alegria de hospedar Chico Xavier em sua casa, algumas vezes. Uma dessas inesquecíveis visitas foi na praia de Atafona, também no norte fluminense, por dez dias, em janeiro de 1967. Ali a incomparável antena psíquica do médium psicografou todas as mensagens constantes do livro *No portal da luz,* de autoria espiritual de Emmanuel, publicado em 1967 pela Comunhão Espírita Cristã (CEC) de Uberaba | MG.

Clóvis Tavares partiu para a Espiritualidade em 1984, deixando várias obras incompletas, tarefa que o filho Flávio assumiu com respeito e dedicação para nos brindar com outras pérolas como: *Mediunidade dos santos, Sal da terra, O retrato espiritual de Kardec*, o já citado livro de mensagens de Carlinhos e o livro que em breve lançaremos, de mensagens do próprio Clóvis, psicografadas pelo nosso Chico: *A saudade é o metro do amor*.

Agora chegou o tempo de nosso estimado Flávio brindar-nos com mais esta pérola de espiritualidade e beleza: CÉLIA LUCIUS, SANTA MARINA, uma analogia das biografias católicas e maronitas de Santa Marina da Bitínia, com a narrativa de *50 anos depois*, de Emmanuel, psicografado por Chico Xavier.

Este é o livro que o Vinha de Luz - Serviço Editorial da Fraternidade Espírita Cristã Francisco de Assis (Fecfas), de Belo Horizonte | MG, tem a honra e o júbilo de editar e lançar no dia de Célia Lucius - 18 de junho de 2008.

Aos estimados leitores, desejamos uma boa viagem ao tempo sem fim - tempo da eternidade do amor!

GERALDO LEMOS NETO
Belo Horizonte, 1 de maio de 2008.

Prefácio

Célia Lucius. Espírito tutelar de nossa família. Astro de amor e sabedoria, que desceu de altura espiritual - para nós - inconcebível!

Exemplificou, nas mínimas tarefas do dia-a-dia de nosso mundo, a sua sensibilidade e correção.

Como nos ensinou Emmanuel: *"(...) coração amoroso e sábio, entendeu e aplicou todas as lições do divino Mestre."*

WANDA AMORIM JOVIANO
Rio de Janeiro, 2 de abril de 2008.

I

Nas entrelinhas de um prefácio

(...) **F**az dois anos que papai nos levou em uma de suas excursões encantadoras, pelo lago extenso, na região onde possuímos a nossa casa. Além de mim, da mamãe e da Helvídia, ia conosco um jovem escravo, adquirido na véspera, e o qual, em vista da sua perícia nos remos, auxiliava a tarefa de abrir caminho ao longo das águas. Ciro - chama-se esse escravo de vinte anos, que a vontade do céu deliberou fosse parar em nossa casa.

(...) De vez em quando, Ciro me dirigia o olhar lúcido e calmo, que me produzia uma emoção cada vez mais intensa e indefinível.

Quem poderá explicar esse mistério santo da vida? Dentro desse divino segredo do coração, basta, às vezes, um gesto, uma palavra, um olhar, para que o espírito se algeme a outro para sempre...

(...) Nosso passeio (...) corria sereno e sem tropeços, quando, em dado instante, se levantou uma onda larga, impelida pelo vento forte. Um abalo mais violento, justamente no ponto onde me instalara, fez-me cair, absorta nos meus pensamentos, de borco no seio espesso das águas. (...) mas, quando me debatia, inutilmente, para vencer o peso enorme que me oprimia o peito, sob a massa líquida, senti que dois braços vigorosos me arrancavam do fundo lodoso do lago, trazendo-me à tona, mercê de um desesperado e imenso esforço. Era Ciro que me salvara da morte, com o seu espírito de sacrifício e lealdade, conquistando, com esse ato espontâneo, a gratidão sem limites de meu pai, e de todos nós um reconhecimento carinhoso e sincero.

(...) Enlevada pela doce carícia de suas expressões e gestos de ternura, afigurava-se-me ele a alma gêmea do meu destino, reservada por Deus a me estimar e compreender, desde as vidas mais remotas.

Durante um ano a vida nos correu em mar de rosas, porque nos amávamos intensamente. Em nossos idílios calmos, falávamos de Jesus e de suas glórias divinas e quando eu lhe suscitava a possibilidade da nossa união à face deste mundo, Ciro ensinava-me que deveríamos esperar a felicidade no reino do Senhor, alegando que, na Terra, não era ainda possível um matrimônio feliz entre um escravo miserável e uma jovem patrícia. (...)
- Célia, minha querida, perdoa-me. Não guardemos qualquer emoção que nos faça participar das inquietações do mundo, porque um dia nos beijaremos no céu, onde os clamores da malícia humana não poderão atingir-nos. (...)

Excertos do capítulo II do livro *50 anos depois*, páginas 43-51.

Ler um livro é muito mais que conhecer o que está compreendido entre o primeiro e o último capítulo. Desde criança, aprendi com meu pai a ler todas as partes de um livro. A capa é fundamental para a leitura - o título, o autor, a editora. As primeiras páginas contêm informações importantes como o ano de publicação, quantas edições já foram feitas, quantos exemplares foram impressos - isso também é parte do livro. O prefácio é a introdução do assunto e não se admite que alguém inicie a leitura de um texto sem conhecer a alma do livro, expressa em seu prefácio. O prefácio pode ser escrito pelo autor ou por alguém que o apresenta. Nos dois casos, sua leitura torna-se indispensável.

Ler o prefácio é preparar-se para o relato principal. A leitura apenas de um texto é feita em duas dimensões. Ao adentrar nele, após a compreensão do prefácio, alcança-se a terceira dimensão do relato.

No caso do livro *50 anos depois*, da lavra de Francisco Cândido Xavier, há motivos específicos para tanto, pois Emmanuel, na *Carta ao leitor*, dá os indícios de que havia uma narrativa velada nas entrelinhas. À página 9, nono parágrafo, oitava linha, ele diz que os arquivos da igreja católica registraram a história de Célia Lucius, mas que havia divergências entre datas e locais. Assim escreveu Emmanuel:[1]

> *(...) A igreja romana lhe guarda, até hoje, as generosas tradições, nos seus arquivos envelhecidos, se bem que as datas e as denominações, as descrições e apontamentos se encontrem confusos e obscuros pelo dedo viciado dos narradores humanos. (...)"*

---

[1] Excerto da *Carta ao leitor*, prefácio do livro *50 anos depois*, página 9.

Tal detalhe ficou esquecido por pouco tempo, pois no ano de 1941, um ano após a publicação da obra, meu pai, Clóvis Tavares, pesquisando as vidas de santos católicos, em várias livrarias do Rio de Janeiro, fez uma interessante descoberta.[2] Observando o título de um pequeno opúsculo espanhol, *Santa Mariña*, abriu-o curioso e quase que de imediato percebeu que se tratava da história de Célia Lucius. Eis o que ele mesmo contou, numa de suas palestras:

> *"Numa ocasião, eu tive a felicidade de descobrir, numa livraria pobre do Rio - o chamado sebo - uma pequena biografia da Santa Mariña. Dei a Chico Xavier a pequena biografia e aos familiares de Célia Lucius reencarnados, na época, neste mundo. Nesta pequena biografia, se dizia o dia consagrado a Célia pela população católica italiana, especialmente de Veneza, onde estão seus restos mortais (...). Esse dia era o dezoito de junho. (...)"*[3]

Nesse mesmo ano de 1941, a *Escola Jesus Cristo*, em Campos | RJ, foi a primeira instituição espírita a recordar Célia Lucius no dia 18 de junho. Foi um momento simples, onde meu pai, como anualmente passou a fazer, recordou para o público detalhes da vida desta heroína espiritual. Neio Lúcio, o avô de Célia no romance *50 anos depois*, esteve presente em espírito, comovendo-se com as nossas recordações.

---

[2] Vide TAVARES, Clóvis. *Mediunidade dos santos*. São Paulo: Edições IDE, 2005 e TAVARES, Clóvis. *Mediunidade dos santos*. Rio de Janeiro: Ediouro, 2005. Estudo dos fenômenos mediúnicos na vida de vários personagens canonizados pela igreja católica romana, comentados segundo a codificação kardequiana. As pesquisas que meu pai fez sobre os fenômenos psíquicos ocorridos na vida dos que foram canonizados pela igreja católica proporcionaram a ele o reencontro com a Célia Lucius registrada pelos velhos arquivos da igreja, como previra Emmanuel.

[3] Trecho de uma palestra de Clóvis Tavares, inserido no livro *Rocha dos séculos*, a publicar.

Em mensagem psicografada por Francisco Cândido Xavier, no dia 25 de junho de 1941, disse ele:[4]

> *"(...) naquela noite (...) estive presente nas lembranças consoladoras de Célia. As festividades tão familiares de Campos me comoveram o coração (...). O dezoito de junho tem dado a Célia, e a outros servos de Deus, a quem se consagram as reminiscências desse mesmo dia, ocasião para grandes esforços pelo bem dos homens. (...)"*

Desde então, anualmente, no mês de junho, as palestras na *Escola Jesus Cristo* visam recordar exemplos, não apenas de Célia Lucius, mas também de Neio Lúcio, Nestório, Lésio Munácio e tantos outros personagens do romance *50 anos depois*. As entrelinhas de um prefácio, no caso deste romance de Emmanuel, proporcionaram-nos a descoberta de uma personalidade católica pouco conhecida até mesmo de nossos irmãos católicos romanos: Santa Marina, cuja vida relataremos de acordo com alguns documentos obtidos na Internet e que chegaram até nós por meio de companheiros que os enviaram de bibliotecas do Vaticano e do Líbano.

Líbano? Perguntarão alguns. Sim, porque, como disse-nos Emmanuel, os registros históricos encontram-se distorcidos e a maioria das versões retrata a vida de uma mulher vestida de monge, num convento da Bitínia.[5]

---

[4] A referida mensagem, intitulada *Lembranças de Célia*, datada de 25 de junho de 1941, compõe o livro *Sementeira de luz*, de Francisco Cândido Xavier | Neio Lúcio, organização de Wanda Amorim Joviano e edição do Vinha de Luz | Serviço Editorial, em 2006, às páginas 223-225.

[5] Província romana ao norte da Ásia Menor. Corresponde à atual Turquia asiática. Uma das tradições católicas diz que ela morreu no convento de Quannoubin, no Líbano, onde é venerada pelos cristãos maronitas e pelos cristãos ortodoxos.

II

Dois livros de bênção

(...) Célia, porém, cheia de fé na Providência Divina, e sinceramente desejosa de sacrificar-se por sua mãe, ajoelhara-se, humilde, exclamando, com voz quase firme:

- Sim, meu pai... minha mãe... pesa-me a confissão da minha falta, mas esta criança é meu filho!... (...) Se puderdes, perdoai à filha que não conseguiu ser feliz! Sei o crime cometido e aceito de boa vontade as conseqüências da minha falta!

(...) De punhos cerrados, olhos duros e sombrios a revelarem disposições inflexíveis de vingança, Helvídio Lucius exclamou com voz terrível, dominadas todas as suas expressões fisionômicas por um ricto de angústia:

(...) - deverás morrer para resgatar o crime hediondo!... Iniciando os meus desgostos, com o preferir aos escravos, acabaste arruinando o meu nome, levando esta casa a uma situação execrável! Mas saberei lavar a mancha criminosa com as minhas decisões implacáveis!... (...) Poupo-te a vida, mas doravante estás definitivamente morta para a nossa desdita imensurável, porque tua indignidade não te permite viver mais um minuto sob o teto paterno! És maldita para sempre!... Foge para qualquer parte, sem te lembrares de teus pais ou do teu nascimento, porque Roma assistirá ao teu funeral em breves dias! Serás estranha ao nosso afeto!... Não nos recordes, nunca, nem busques o passado, pois eu poderia exterminar-te nos meus impulsos!...

(...) Ergueu-se ela, então, cambaleante, endereçando à mãe um derradeiro olhar, no qual parecia concentrar toda a sua crença e toda a sua esperança. Alba Lucínia retribuiu-lhe o gesto afetuoso, fixando-a com a sua ternura dolorosa. Pareceu-lhe descobrir, na limpidez daquele olhar, toda a inocência da alma piedosa e cristã da desventurada filha; todavia, o seu coração maternal agradecia intimamente aos deuses o lhe haverem poupado a vida...

Compreendendo a inflexibilidade da ordem paterna, Célia deu alguns passos vacilantes e, saindo por uma porta lateral, encontrou-se em plena rua, sem direção nem destino, enquanto atrás dela se fechavam as portas do lar paterno para sempre. (...)

Excertos do capítulo II do livro *50 anos depois*, páginas 201-205.

Existe uma estreita relação entre o livro *50 anos depois*, de Emmanuel, e o *Apocalipse*, de João Evangelista. Os dois são chamados livros de bênção, isto é, os autores rogaram a Deus, em seus escritos, uma bênção para todos aqueles que os lessem.

Eis o que grafou o apóstolo João, o discípulo a quem Jesus amava, prometendo uma bênção a quem lesse e atendesse às palavras do próprio Mestre:[1]

> *"Bem-aventurado aquele que lê, e os que ouvem as palavras desta profecia, e guardam as coisas que nela estão escritas; porque o tempo está próximo."*

A respeito da conexão entre o livro em questão e o *Apocalipse*, citaremos as palavras de meu pai, Clóvis Tavares:

> *"O senador reaparece aqui com 45 anos de idade, mais ou menos. É o que diz o primeiro capítulo, o que quer dizer que ele reencarnou 7 anos depois de sua morte como senador nas ruínas de Pompéia, na erupção do Vesúvio, no ano 79. Ele teria reencarnado no ano 86 da Era Cristã e no ano 131 se inicia o livro. Ele estava, então, com seus 45 anos de idade. É, portanto, a vida de Públio Lentulus, 50 anos depois do episódio de sua morte, narrado em Há 2000 anos.... Um intervalo pequenino entre a morte de Públio Lentulus e o nascimento do escravo judeu em Éfeso, uma*

---

[1] Apocalipse, 1: 3.

cidade da Ásia Menor. É muito interessante, meus amigos, porque aqui vemos o valor de uma alma. E Públio Lentulus também, sem que ele queira chamar a atenção sobre si. Mas é uma alma que desce da eminência social, legado do imperador Tibério, senador romano, homem sabidamente orgulhoso, durão, como é narrado no Há 2000 anos.... Não sou eu que estou falando com falta de respeito ao nosso grande amigo Emmanuel. Ele é que se mostra durão e orgulhoso no prefácio do 50 anos. Reencarna na pele de um escravo. Na estrutura física, no corpo de um escravo - escravo judeu. Ele humilhou os judeus. Ele ajudou a destruir Jerusalém, a pátria dos judeus. Ele perseguiu um jovem judeu. Então ele volta como judeu, porque nesta vida tudo se resgata. Ninguém se sinta injustiçado pela vida e ninguém queira pensar que a lei que impera aqui é outra que não seja a chamada lei da justiça divina. É a justiça divina em todos os aspectos, meus amigos! Não passará um só iota da lei. *Iota é a menor letra do alfabeto grego. É um i sem pingo. Não passará nem um til, nem um iota da lei, sem que tudo esteja cumprido. A palavra de Jesus vai mostrar a força da lei. Essa lei divina é a lei do Evangelho, que os hindus chamam* lei do carma. *Que nós podemos chamar* lei de causa e efeito, *com Kardec, ou lei da justiça divina, com Emmanuel."*[2]

Assim, o autor espiritual de *50 anos depois* reencarna na terra de João Evangelista. Nestório era uma criança quando João, já idoso, pregava na comunidade da Ásia Menor. João escutou de Jesus: *"Deixai que as criancinhas venham a mim*

---

[2] TAVARES, Clóvis. *Rocha dos séculos.* No prelo.

e *não as impeçais, pois que o reino é daqueles que com elas se assemelham.*"[3] Possivelmente, Nestório, quando criança, também correu pelas salas da comunidade de Éfeso e foi advertido pelos adultos. E possivelmente o doce João teria repetido as palavras de seu Mestre: *"Deixem que as crianças venham! Não as impeçam, pois Jesus prometeu o seu reino àqueles que com elas se parecessem."* Quantas vezes não teria o apóstolo João, o autor do *Apocalipse*, colocado a mão sobre a cabeça de Nestório para repetir estas palavras!

No belo livro *Ignácio de Antioquia*, psicografado pelo nosso amigo Geraldo Lemos Neto, o espírito Theophorus conta, de modo poético, como foi que Jesus colocou o pequeno Ignácio ao colo e pronunciou as célebres palavras: *"Quem não se assemelhar a esta criança..."*, o que pode ser interpretado como *é preciso assemelhar-se ao grande Ignácio de Antioquia para merecer ser um cidadão do reino*.[4] Assim como Jesus tomou Ignácio ao colo e apresentou-o como modelo para o ser humano, imagino que João tenha repetido o mesmo gesto com o pequeno Nestório, aconselhando a todos que não o repreendessem, pois só quem a ele se assemelhasse mereceria tal cidadania espiritual.

Ali, naquela comunidade de Éfeso, Nestório, o futuro autor da biografia de Célia, ainda criança, escutou certamente o venerando Evangelista comentar que as suas páginas psicografadas, vindas da esfera do próprio Mestre, seriam uma bênção para quem as lesse. Dois mil anos mais tarde, escreveria Emmanuel as suas reminiscências daquele tempo,

---

[3] Marcos, 10: 14.
[4] *Ignácio de Antioquia* é uma edição do Vinha de Luz - Serviço Editorial, lançada em 2005. Psicografia de Geraldo Lemos Neto e autoria espiritual de Theophorus. Vide dados bibliográficos completos à página 165.

obtendo de Célia Lucius a promessa de uma bênção para os que lessem o romance. Eis o texto:

> *"(...) Busca entender a essência deste repositório de verdades confortadoras e, do plano espiritual, o espírito purificado de nossa heroína derramará em teu coração o bálsamo consolador das esperanças sublimes. (...)"*[5]

Deste modo, o livro de Jesus, psicografado por João Boanerges em Éfeso, ao tempo em que Emmanuel estava ali reencarnado no corpo de um pequenino, e o livro do mesmo Emmanuel, revelando-nos a vida encantadora de Célia - o Irmão Marinho, a Santa Marina - são dois livros de bênção! São dois livros de promessa, dois livros que resultam numa mudança psíquica para o leitor. É bom observar que não se trata de uma alteração de emoção, mas de uma força poderosa, que é capaz de alterar as nossas predisposições de caráter. Ler um livro de bênção não é, entretanto, adquirir méritos, mas ter acesso a créditos especiais, os quais serão por nós mesmos administrados, por nós mesmos geridos para nosso proveito ou não. Essa é a parte que nos é confiada - a qual depende, exclusivamente, do exercício de nosso livre-arbítrio.

---

[5] Vide página 10, *Carta ao leitor*, prefácio do romance *50 anos depois*, ou páginas 9-10 deste volume.

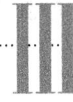

III

Santa Marina, o monge

(...) Saindo da casa paterna, Célia atravessou ruas e praças, receosa de encontrar alguém que a reconhecesse no seu doloroso caminho... Conchegava o pequenino de encontro ao coração, como se ele fora seu próprio filho, tal o enternecimento que a sua figurinha lhe inspirava.

Depois de errar longamente, presa de acerbas meditações, sentiu que o sol ia muito alto e precisava cuidar da nutrição do inocentinho. Atravessara os bairros aristocráticos, encontrava-se agora junto à Ponte Fabricius (...), cheia de cansaço, extenuada. Além do Tibre, surgiam as modestas edificações dos judeus e dos libertos pobres; ali estava a famosa Ilha do Tibre, onde, outrora, se erguiam os templos de Júpiter Licaônio e o de Esculápio... A seu lado passavam os filhos da plebe, inquietos e apressados. De vez em quando, surgiam soldados da marinha, da frota de Ravena, aquartelados no Trastevere e que lhe deitavam olhares libidinosos. Cansada, dirigiu-se a uma casa de judeus, onde uma mulher do povo lhe deu de comer, provendo-a de tudo quanto necessitava o pequenino. Mais confortada, levando uma pequena provisão de leite de jumenta, a filha de Helvídio continuou a dolorosa peregrinação pelas vias públicas, como se aguardasse uma inspiração feliz para o seu penoso destino.

À tarde, porém, voltou ao mesmo ponto, nas proximidades do qual fora socorrida pelos mais humildes. Triste e só, descansou num dos ângulos da Ponte Fabricius, ora contemplando os transeuntes mal vestidos, ora fixando as águas do Tibre, com o coração envolto em dolorosas cismas. Aos poucos, o sol se escondia lentamente, dourando ao longe as derradeiras nuvens do horizonte. Um vento frio, cortante, começava a soprar em todas as direções. Contemplando os operários pobres que se recolhiam aos lares, a jovem cristã aconchegou mais fortemente ao peito a mísera criancinha. Sentindo-se desalentada, começou a orar e lembrou-se de que Jesus também andara no mundo, ao desamparo, experimentando um suave consolo nessa reminiscência evangélica. Contudo, pungente saudade do lar feria-lhe o coração sensível e carinhoso. Mulheres do povo, depois das fainas penosas do dia, regressavam a casa com uma auréola de júbilo tranqüilo a lhes transparecer no rosto, enquanto que ela, filha de patrícios, se sentia acabrunhada ante as incertezas da sorte e exposta ao frio cortante do crepúsculo...

Estreitando sempre o pequenino, como se quisesse furtá-lo ao ar glacial da tarde, mau grado a sua fé e resignação, não pôde conter o pranto, refletindo amargamente no seu penoso destino. As grandes nuvens, batidas de sol, esmaeciam-se pouco a pouco, dando lugar às primeiras estrelas. (...)

Excertos do capítulo II do livro *50 anos depois*, páginas 209-210.

Sobre Santa Marina, o monge, há traduções do inglês, do italiano, do espanhol e do catalão encontradas nas bibliotecas virtuais católicas e maronitas. A primeira delas, a maior e mais consistente, é um excelente trabalho de pesquisa, com referências e citações, muitas delas praticamente inacessíveis, e que compõem documentos de bibliotecas de museus, datados do início do século XX.

Na seqüência, apresentaremos aqui apenas a biografia de Santa Marina e, mais à frente, apresentaremos as analogias, as dessemelhanças e suas prováveis causas, já indicadas por Emmanuel, em seu prefácio no *50 anos depois*.

Santa Marina, o monge

Eis uma hagiografia, segundo a tradição maronita, relatando as lendas sobre as relíquias de Santa Marina, o monge.

Há seis santas conhecidas: *Marina, o monge*, ou *Marina, a libanesa, Marina, mártir de Antioquia, Marina da Espanha, Marina de Alexandria, Marina da Sicília* e *Marina Cisterciana.*[1] Entretanto, acredita-se que apenas duas existiram verdadeiramente: a de Antioquia, que aceitou o martírio por conseqüência de sua fé, e Marina, o monge, que sofreu a conseqüência de seu disfarce de monge num monastério de Quannoubin, no Líbano.[2]

---

[1] CLUGNET, 1904, p. 564-568.
[2] *Ibidem*, p. 568.

León Clugnet conclui que a confusão com os vários nomes *Marina* deveu-se aos tradutores e copistas que adaptaram as histórias aos hábitos locais. Está aí o porquê de encontrarmos uma versão grega para a vida de Santa Marina, uma versão do seu nascimento na Bitínia, uma versão copta, no Egito, e algumas versões na Itália.[3]

Segundo os contos mais antigos, o lugar mais provável de seu nascimento foi o Líbano. Clugnet soluciona a questão até que novas descobertas sejam realizadas: a única origem é a oferecida pela tradição maronita do Líbano, que crê que ela viveu e morreu no monastério de Quannoubin, no Vale de Qadisha. Uma santa libanesa, portanto.

Conta a lenda que Marina se vestiu como homem para aderir ao monastério, junto com o seu pai. Ela, finalmente, foi acusada da paternidade de uma criança. Não defendeu-se do crime da qual era acusada, mas, com sua humildade, aceitou as punições severas que foram contra ela propostas pelo abade: deixar o monastério e criar a criança, vivendo o resto de sua vida num estilo ascético e aos cuidados com o menor.

A vida monástica no século V era muito mais que uma vida cenobítica, que é a vida ascética comum, e mais que a acorética, que é a vida solitária. Os monastérios cenobíticos tinham pequenas celas separadas, onde os monges viviam, o que fez com que Marina pudesse conservar o segredo de sua identidade.

Com as suas vestes masculinas, seu cabelo cortado, e, principalmente, com seu estilo de vida ascético, mudou a

---

[3] CLUGNET, 1904, p. 265.

sua feição, o que a fez perder muito a sua aparência e natureza femininas. Assim sendo, foi capaz de viver com tal
identidade até a sua morte.

Referentemente ao século que ela viveu, Clugnet con-
corda com F. Nau - provavelmente no século V. Há muitos
detalhes de sua lenda apresentados nos manuscritos siríacos
(número 30), datados de 778 d.C., encontrados no Mosteiro
de Santa Catarina, no Sinai.[4]

Pesquisas biográficas

A história de Santa Marina, ou Marinho, é encontrada na
hagiografia dos siríacos, maronitas, cópticos, etíopes, gregos
e nas igrejas latinas. Muitas biografias da personagem foram
escritas em siríaco, cóptico, árabe, grego, latim, etíope, armê-
nio, alemão, francês e espanhol. Por considerar um grande
número de manuscritos, pode-se presumir que a veneração
à santa foi difundida tanto no Oriente quanto no Ocidente,
durante a era medieval.

Muitos dos manuscritos latinos, siríacos e árabes foram
encontrados na Biblioteca Nacional da França, na Biblioteca Real de Bruxelas, na Biblioteca do Museu Britânico, na
Biblioteca Ambrosiana, em Milão, no Mosteiro de Santa Catarina, no Sinai, na Biblioteca do Vaticano, no Arquivo Maronita Patriarcal em Bkerke, Líbano, e na Biblioteca Oriental de
Beirute, Líbano. Estes dados sobre a vida de Marina vieram
a lume no século XI. Foram confirmados pelo escritor Aba
Al-Rayhan Al-Bayrouni (✝ 1049) no mesmo século, em seu
livro *The Remained Remnants from the Passed Centuries*, que
fala sobre os meses siríacos:

---

[4] CLUGNET, 1904, p. 565-593.

"No terceiro dia de outubro, na festa do monge Marina, que se vestiu de homem e tornou-se um monge, que escondeu a sua feminilidade dos monges, é acusada de adultério com uma mulher e não revelou a sua condição de mulher até a sua morte, que fez com que sua situação fosse reconhecida por todos em sua inocência."

A lenda de Marina foi uma inspiração para vários escritores, entre os quais encontramos Jacques de Voragine, em sua *Légende Dorée*, Charles Corm, em *Sainte Marina la Libanaise*, Pe. Moubarak Thabet, em *Marina: a santa do Monastério de Qannoubine* (em árabe), Pe. Michael Mouawad, em *O Pecado Branco* (em árabe) e Patriarca Youssef Al-'Akoury, em sua *Ode for Saint Marina* (em árabe), escrito em 1641 e publicado por L. Clugnet na *Revue de l'Orient Chrétien*, em 1904.

A hagiografia de Marina, o monge

Segundo o *Sybaxarium Maronita*, Marina nasceu no Qlamoun, norte do Líbano. Seu pai era um homem piedoso. Com a morte de sua esposa, enquanto Marina era muito jovem, resolveu renunciar ao mundo e ir para o mosteiro de Qannoubine, no vale santo de Qadisha. Foi acompanhado de sua filha, a quem vestiu como um homem. Ambos entraram para a irmandade, sem revelar a identidade verdadeira de Marina, que, como monge, ficou conhecida como Marinho.

Embora jovem, Marinho ocupava-se de muitas práticas de virtuosidade monástica, que demonstravam muita espiritualidade. Era reservado e evitava olhar face a face e olhos nos olhos. Um dia, ele foi enviado a uma cidade vizinha, em missão para o mosteiro. Foi obrigado a pernoitar na casa de Papanotius, um amigo dos monges. Papanotius tinha uma jovem filha, que caiu no adultério e engravidou. Descobrindo a gravidez, Papanotius enfureceu-se e exigiu o nome do culpado. A filha acusou Marinho, o monge, que a teria seduzido na noite que lá pernoitou. Papanotius foi direto ao mosteiro e falou ao superior, que ficou surpreso com a denúncia, por ter Marinho na conta de um jovem muito religioso e puro.

O superior chamou, então, Marinho, repreendendo-o. Contudo, Marinho não se defendeu. Conseqüentemente, o superior, apesar de perplexo, e considerando o silêncio uma admissão da culpa, sentenciou Marinho a perder o hábito e a viver fora do mosteiro. Marinho resignou-se à vontade de Deus e permaneceu do lado de fora, orando e chorando, vivendo das sobras dos monges. Seu pai já há muito havia morrido.

Após o parto, o avô da criança levou o menino para o mosteiro, jogou-o para Marinho e disse: *"Tome e crie o seu filho."* Marinho cuidou do menino, criando-o com o que restava da alimentação dos monges e com leite de cabra. Tal situação perdurou por quatro anos. Marinho guardou a acusação, sem nada reclamar. Entretanto, o superior teve compaixão por ele e permitiu que ele reentrasse no mosteiro, em restritas condições.

Marinho aceitou e perseverou em seu estilo de vida ascético até a hora da morte, quando sua face ganhou uma luz celestial. Ele pediu perdão a todos e a todos perdoou. E entregou seu espírito.

O superior ordenou que preparassem o corpo para o sepultamento fora do mosteiro. Mas foi um momento de grande surpresa, quando descobriram que Marinho era uma mulher e não um homem. Desta feita, o superior e os monges ajoelharam-se diante do cadáver puro, pedindo perdão a Deus e à alma daquela santa. A santidade de Marina se espalhou por todo o Líbano e pessoas de todas as regiões passaram a vir ao monastério para ser abençoadas diante de seu túmulo, que se tornou um lugar de bênçãos e de graças.[5]

Diversas versões da biografia

Em algumas tradições, presume-se que os pais de Marina chamavam-se Ibrahim e Baddora. Em outras, chamavam-se Eugênio e Teodora. Essas mesmas tradições em árabe e siríaco referem-se ao fato de ela ter tido que cortar a fazenda de seu hábito para fazer as roupas do menino e algumas dizem que ela chegou a amamentá-lo, pois, maravilhosamente, produziu o leite materno. As versões também referem-se ao leite das cabras da vizinhança, que pastavam perto da gruta. Há relatos também de que ela deixou uma carta aos seus irmãos do mosteiro, com os seguintes dizeres: *"Eu sou uma mulher, não um homem. Abracei a vida monástica com o meu pai. Fui falsamente acusada. Criei a criança com amor. Imploro a vocês que não retirem o meu hábito, irmãos."*[6] Assim que ela morreu, o superior e os irmãos ajoelharam-se e pediram perdão, chorando. Súbito, escutaram uma voz do Alto, que dizia: *"Levantem as vossas cabeças. O que vocês fizeram não foi por vontade própria, apenas cumpriram o que estava determinado. Seus pecados serão perdoados. Não fiquem tristes."*

Sobre o tempo em que ela viveu sob a calúnia existem duas versões principais: uma afirma que durou apenas 4 anos, outra, que durou cerca de 20 anos.

---

[5] DAHER, 1996, p. 189-190.
[6] MOUBARAK, 1984, p. 4-5.

As relíquias de Santa Marina

Acredita-se que as relíquias de Santa Marina foram transferidas para Constantinopla, exceto sua mão esquerda, que ficou em Qannoubine. De Constantinopla suas relíquias foram transferidas para Veneza, na Itália. A igreja onde estão suas relíquias está localizada próximo a um rio, que se chama Rio de Santa Marina. Em 1818, quando a igreja foi demolida, as relíquias foram novamente transferidas para a Igreja de Santa Maria Formosa. Lá o seu dia é venerado em 17 de julho, mesma data comemorada pelos maronitas.

As igrejas na Grécia, Bélgica e Santa Catarina, do Sinai, afirmam possuir as relíquias de sua mão esquerda.[7] Em Paris, uma pequena igreja dedicada à Santa Marina está localizada próximo à Catedral de Notre Dame. Esta igreja foi construída entre os séculos XI e XII.[8]

A *Ode à Santa Marina*, de Youssef Al-'Akoury

Há um manuscrito da *Ode à Santa Marina* em siríaco, editado pela primeira vez pelo Pe. Louis Cheikho. Esse manuscri-

---

[7] CLUGNET, 1904, p. 575.
[8] Escrevi à Diocese de Paris (<documentation@diocese-paris.net>) para saber a localização atual desta Capela de Santa Marina, próxima à Catedral de Notre Dame, e recebi a seguinte resposta: *"La Chapelle Sainte-Marine était située au sud-est de St-Denis-de-la-Chartre (Ile de la Cité à Paris). Elle fut démolie en 1866 pour le passage de la rue d'Arcole. Mentionnée dès le XI ème siècle, c'était la paroisse de l'Archevêché et les mariages ordonnés par l' Officialité y étaient célébrés. Lorsqu'il était prouvé que deux personnes vivaient ensemble librement, on les forçait à se marier et le curé leur mettait au doigt un anneau de paille."* (J-P Willesme, in cat. rais. Musée Carnavalet - Que ne rebâtissons-nous la chapelle Ste-Marine). Segue a tradução, feita por Celso Vicente Mussa Tavares: *"A Capela Santa Marina estava situada a sudeste de St-Denis-de-la-Chartre (Île de la Cité, em Paris). Ela foi demolida em 1866 para passagem da rua d´Arcole. Mencionada desde o século XI, era a paróquia do Arcebispado e os casamentos ordenados pela Oficialidade eram aí celebrados. Quando se provava que duas pessoas viviam juntas livremente, elas eram forçadas a se casar e o vigário lhes punha no dedo um anel de palha."*

to foi copiado pelo Pe. Boutros Makhlouf of Ghosta, em 1720. Uns o atribuem ao Patriarca Youssef Estephan (1766-1793) e outros, ao Patriarca Estephan Douwayhi (1670-1704).

O Patriarca Youssef Al-'Akoury compôs a *Ode à Santa Marina* em 1641, quando ainda era bispo. Escreveu-a em árabe coloquial do Líbano. É composta de 139 estrofes e dois versos. O bispo identifica-se com as duas últimas estrofes.[9] Clugnet o publicou em 1904.

Seguem extratos a partir do ofício maronita à Marina:[10]

> *"Antes da epístola*
> *Marina está muito entristecida*
> *Por ver seus irmãos e o superior do convento*
> *Atormentados e sofrendo dolorosamente*
> *por sua causa.*
> *A virgem chora por eles*
> *E por seus caluniadores.*
> *A perfeita paciência é sua guia.*
> *Ela salvou a sua alma com a deles.*
>
> **Depois do Evangelho**
> *Você foi uma mulher vitoriosa em seus combates.*
> *Excelente em sua paciência e em seu amor.*
> *Humilhado é quem a caluniou*
> *E muito cresceu a sua dignidade.*
>
> **Antes do beijo da paz**
> *Eles a julgaram tiranicamente,*

---

[9] CLUGNET, 1904, p. 595-608.
[10] NAU, 1901, p. 289-290.

Sem qualquer testemunha ou investigação,
Fora do monastério onde você vivia com paciência
Um fardo de sofrimento por cinco anos.

Antes da ascensão
Oh! Monte Líbano, sua glória foi exaltada!
Oh! Monastério de Qannoubine,
sua alegria é grande
Porque Marina, a honra de seus monges,
Em seu monastério, cresceu sua fama."

Algumas considerações

Levando-se em conta a vida, a lenda e as relíquias de Santa Marina, o monge, sabe-se muito pouco de sua paixão, humilhação e sofrimento. Os maronitas até hoje são impressionados com a vida desta mulher. Entre eles, há quase uma indignação *santa* contra as injustiças que contra ela foram perpetradas. Desde então seu nome é associado ao monastério de Qannoubine e sua pequena gruta é uma recordação de sua castidade, obediência, ascetismo, indulgência e santidade.

Há algum tempo venho pesquisando em vários sítios da Internet tudo o que há publicado sobre Santa Marina e alguma coisa publiquei em meu blog pessoal sobre Espiritismo.[11] Qual não foi a minha surpresa, no entanto, quando recebi o comentário de uma pessoa que se identificou simplesmente como Ana, e que deixou a seguinte mensagem:

"Olá, Flávio,
Acabei de ler o livro '50 anos depois' e fiquei curiosa

---

para saber qual santa da tradição católica corresponde-ria a Célia, personagem do livro de Emmanuel. Coinci-dentemente, meu irmão havia acabado de ler o livro 'O peregrino russo', no qual é mencionada a história de uma santa que se vestiu de homem para entrar em um mosteiro na Alexandria, com seu pai. Somente após a sua morte descobriu-se que se tratava, na verdade, de uma mulher. Era a Santa Marina. Tentando encontrar sua biografia na Internet, para obter mais informações e saber se realmente era, de fato, a Célia do livro, cheguei no seu blog. Gostei muito! Muito obrigada pelas infor-mações! Que bom que seu pai teve a oportunidade de confirmar esta informação com o próprio Chico Xavier! Se você tiver mais informações sobre Santa Marina, gos-taria muito de recebê-las. Obrigada, e parabéns pelo blog. Um abraço, Ana."

Fiquei abismado com a mensagem, pois não conhecia o li-vro mencionado por ela. Imediatamente, adquiri-o e devorei suas poucas páginas. Trata-se de um pequeno estudo sobre espiritualidade e oração, de um andarilho russo do século XIX, que praticava o *hesicasmo*.[12] Ao terminar de lê-lo, verifi-quei que não havia nenhuma menção à Santa Marina. A Ana não me deixou nenhum endereço físico ou eletrônico para que eu a pudesse contatar e, em vão, deixei recados para ela no meu blog. Enfim, ela surgiu do nada e para o nada retor-nou. Surgiu apenas para me deixar uma mensagem sobre um livro que não podia, até o momento, confirmar.

Viajando ao Rio, visitei a *Livraria Paulus* e lá encontrei um

---

[12] O *hesicasmo*, ou *Prece do Coração*, é a prática mística mais importante das igrejas cristãs do Oriente, como as maronitas e as ortodoxas. Consiste no exercício da ora-ção constante, obedecendo a regras referentes à postura física e à respiração.

outro livro do mesmo autor, chamado *Relatos de um peregrino russo*.[13] Novamente comi-o, como recomendou Jesus a João, a respeito do *Apocalipse* e, na página 70, encontrei o que buscava. Obrigado, Ana! Seja você quem for, veio para me ajudar com a sua singela mensagem! Agradeça também ao seu irmão, que encontrou o livro de orações dos padres do deserto e, por seu intermédio, colaborou com esta pesquisa. O capítulo deste livro, onde há referência à nossa querida Marina, tem por título *A moça da aldeia*. Ali o peregrino conta sobre uma pequena aldeia russa por onde andava e onde permaneceu um tempo em oração, em pequenina capela local. Na capela, ele via diariamente uma menina em orações fervorosas e, com o tempo, ela confessou a ele que pedia a Deus para libertá-la de um casamento indesejado. O peregrino, então, conta a ela a história da bem-aventurada Marina, que, para ele, era uma aldeã que se salvou num mosteiro de homens. Seu pai havia ficado viúvo e ela se fez de monge para acompanhá-lo, vivendo, assim, no mosteiro, sofrendo várias situações de perigo e humilhações até a sua morte, quando, então, descobriram que se tratava de uma mulher. Desta forma obtive mais um relato da vida de nossa querida Célia, através de uma carta quase anônima, desta vez de um peregrino russo, que praticava suas orações constantes, como andarilho solitário.

Encontrei na Internet também o relato que está na *home page* da *Escola Santa Marina*, em São Paulo.[14] A escola existe desde 1969 e vem crescendo em atividades educacionais e culturais. Como as fontes bibliográficas citadas na página da

---

[13] GAUVAIN, Jean. *Relatos de um peregrino russo*. São Paulo: Ed. Paulus, 2006. _____. *O peregrino russo*: três relatos inéditos. São Paulo: Ed. Paulus, 2007.

[14] Localizada à Avenida Guilherme Giorgi, 430, Vila Carrão|SP. Fonte: BONOZZI, Maria Luiza Gaspar (Trad.); GUERRA, Erika (Trad.). *Santa Marina di Bitinia*: profilo biográfico Antonio Niero - Chiesa di Santa Maria Formosa. Venezia: (s.n.t.), 1998. Disponível em: <http://www.santamarina.g12.br/esco.php>. Acesso em: 8 set. 2007.

escola são diferentes das que eu havia encontrado, achei de bom alvitre incluir aqui o texto citado, que, apesar de não trazer novas informações, é mais uma comprovação da mediunidade de nosso querido Chico Xavier.

Assim eles descrevem a história de Santa Marina:

"História da vida de Santa Marina

Há muitos anos, supõe-se na segunda metade do século sétimo d.C., na antiga cidade da Bitínia, no oeste da Turquia, próximo à cidade de Constantinopla, hoje denominada Istambul, nasceu Marina, filha de bons pais, dos quais só é conhecido o nome do pai, Eugênio. Ficando órfã de mãe, e sendo filha única, foi educada na vida cristã somente pelo pai.

Quando era adolescente, um dia seu pai contou-lhe a intenção de tornar-se monge e para salvar sua alma abdicaria de todos os seus bens. Não foi fácil convencer a filha de seu novo projeto de vida, mesmo porque Eugênio recorria freqüentemente às citações bíblicas para defender seu próprio ponto de vista. Mesmo diante das lamentações e do pranto de sua filha, ele estava irredutível em sua decisão de entrar para o mosteiro, onde ela não poderia viver com ele.

Assim sendo, Marina propôs ao pai que ela também entrasse para a vida religiosa no mosteiro, mas vestida de homem. Eugênio, feliz com a resolução de Marina, vendeu todos os seus bens e os distribuiu aos pobres. Depois de cortar-lhe os cabelos, disfarçando-a como um jovem rapaz, a chamou obviamente de 'Marinho', porque na vida monástica não era permitida a entrada de mulheres. Marina, depois dos últimos avisos de seu pai, prometeu conservar-se sempre pura para Cristo e nunca ser reconhecida como uma mulher.

a) A vida monástica

Eugênio e Marina, com esse segredo, ingressaram na vida monástica. E assim o jovem 'Marinho' progredia dia a dia, em todos os sentidos, em virtude e empenho espiritual. Os demais monges do mosteiro pensavam que 'Marinho' fosse um rapaz, mas estranhavam sua voz delicada e a ausência de barba, aos quais atribuíam a exagerada atividade religiosa e a prática de alimentar-se somente a cada 2 dias. Pouco tempo depois, Eugênio morreu. Mas a filha Marina continuou no empenho severo da virtude monástica.

Naquele mosteiro viviam quarenta monges e todos os meses um grupo de quatro deles era convidado pelo abade para sair do local sagrado e angariar recursos, porque disso dependiam também outros eremitas para sobreviver naquela região. Na metade do caminho havia uma hospedaria, onde os monges, cansados da viagem, tinham a oportunidade de restaurarem-se e de repousarem, assim continuando, no dia seguinte, a volta ao mosteiro.

Certa ocasião, quando 'Marinho' já estava com 17 anos, o abade chamou-o para prosseguir junto com eles - já que era perfeito em tudo e em modo particular na obediência - propondo-lhe sair a serviço da comunidade monástica. 'Marinho' obedeceu, no mesmo instante, à ordem recebida. Saiu com outros três companheiros e, durante o trajeto, pararam um pouco na hospedaria, onde encontraram, casualmente, um soldado.

b) O acusado inocente

O dono da hospedaria tinha uma filha, cujo soldado desconhecido, que ali passava, a seduziu e engravidou. Depois que o soldado soube do fato, e para livrar-se da responsabilidade, persuadiu a moça a revelar para seu pai que estava grávida daquele monge jovem e belo, chamado 'Marinho', que ali tinha estado. Depois de certo tempo, o dono da hospedaria, percebendo a ilegítima gestação da filha, quis saber a verdade. E ela contou-lhe que o responsável pela gravidez era o jovem monge 'Marinho', quando estivera lá hospedado, tempos atrás.

O pai, envolto pela indignação, precipitou-se logo em ir ao mosteiro, gritando: 'Onde está aquele indivíduo, falso cristão, que vocês chamam de monge?' Ele foi recebido pelo secretário do sacro recinto, que perguntou o motivo de tanto rancor. O dono da hospedaria, depois de trocar palavras rudes com o paciente secretário, foi levado ao abade, contando como tudo aconteceu e como fora comprometida a fama e a honra de sua filha, na qual colocava toda a confiança. E a culpa foi recaída sobre o monge 'Marinho'. O abade, 'caindo das nuvens' diante de um fato daquela natureza, tranqüilizou o pai, prometendo-lhe que 'Marinho' seria retirado dos serviços monásticos e imediatamente expulso do sagrado lugar. E assim aconteceu, com uma severa ordem a 'Marinho', porque, por sua causa, tinha exposto os monges e o monastério àquela humilhação. Neste momento, 'Marinho', que estava totalmente inocente, não se defendeu da calúnia e, de cabeça baixa, balbuciou entre lágrimas: 'Perdoa-me pai, em nome do Senhor, porque eu perdi a cabeça como um homem qualquer.' A disciplina monástica impu-

nha severíssimas providências num caso deste gênero e 'Marinho' foi expulso do mosteiro. Ele, todavia, por amor à vida monástica, não quis se afastar muito dos muros do sacro local, se estabelecendo à porta principal, expondo-se, dessa forma, ao calor do verão, como também ao frio, nos meses gelados do inverno, cumprindo a penitência que lhe fora imposta pelo abade. Vivia deitado no chão, jejuando, chorando e implorando misericórdia divina, recebendo apenas algumas poucas esmolas de mãos bondosas que o viam sofrer.

c) Pai de um menino que não era seu

Os monges que entravam e saíam do mosteiro perguntavam a 'Marinho' por que permanecia ali, com tanta aflição. Ele respondia: 'Eu pequei, por isso mereci o inferno.' A filha do dono da hospedaria, no momento do parto, deu à luz um menino. Seu pai, ainda tomado pela fúria, pegou-o e o entregou a 'Marinho'. Este abrigou o menino nos braços e lamentou-se, dizendo: 'Ai de mim, miserável criatura! Eu recebo este menino como pena da minha culpa, mas por que esta infeliz criança deve morrer comigo?' A partir daquele momento, 'Marinho' se deu conta de que precisava procurar leite com os pastores da vizinhança para nutrir o menino com o afeto de um pai. Não bastava a 'Marinho' a humilhação de uma causa, de cujo episódio era inocente, e mais: a criança sujava o hábito de monge com o choro e as outras necessidades fisiológicas próprias de um bebê. Depois de três anos deste heroísmo de caridade, os monges, admirados pela grande virtude de 'Marinho', se apresentaram ao abade, pedindo clemência por ele. Que ele fosse recolhido ao mosteiro, porque tinha se arrependido de toda a sua culpa, sem dúvida alguma. Os monges diziam: 'De que maneira

Deus poderia perdoar os nossos pecados todos os dias se, no entanto, deixamos um irmão há três anos à porta do mosteiro, exposto às intempéries das estações climáticas?' Ao final, o abade se convenceu. E determinou a 'Marinho' e ao menino que se recolhessem à comunidade monástica, por motivo de solidariedade, mas com a condição de considerar-se o último dos últimos. Impôs-lhe, como continuação da penitência, depois de ter sofrido todos aqueles anos, os serviços mais pesados e humilhantes que havia.

d) Marinho agora no mosteiro

O inocente monge agradeceu a decisão, recebendo com grande honra poder reentrar, ainda que somente no átrio do mosteiro. 'Marinho' atendia a tudo com empenho, temor e arrependimento no coração. Dia após dia, o menino crescia. 'Marinho' educava-o com zelo e na virtude monástica, a ponto de confeccionar para ele um hábito de monge.

Depois de um tempo, o abade percebeu que fazia três dias que Marinho não se apresentava ao coral dos cantos dos salmos, como era de costume, pois era sempre o primeiro de todos a chegar. Perturbado com a sua ausência, disse aos monges: 'Sigam até a cela de 'Marinho' para ver se, por acaso, ele está adoentado.'

e) A calúnia desmascarada

E assim, entrando na cela, os monges encontraram 'Marinho' morto, com a criança sentada ao seu lado, chorando. O abade logo foi avisado e manifestou o seu aborrecimento pela condição de 'Marinho' ir ao encontro de Deus sem a adequada confissão de seus pecados. Então, ordenou aos monges que ele fosse sepultado. Neste momento, conforme a norma litúrgica da época, os irmãos providenciaram a lavagem do cadáver. Mas qual não foi a surpresa de todos quando perceberam que se tratava de uma mulher. E começaram a gritar repetidamente, em voz alta: 'Kyrie eleison!', ou seja, 'Senhor, piedade!'

O abade, ouvindo as vozes, quis saber o que tinha acontecido. Eles responderam que 'Marinho' era uma mulher. No mesmo instante, o abade precipitou-se para a cela e pôs-se a lamentar, em prantos, diante do defunto: 'Tamanha penitência não foi feita assim, por ninguém, até hoje. Serva de Deus, tu não declarastes o teu segredo e eu não tive luzes suficientes para distinguir a pureza de tuas ações.'

Depois, a primeira coisa que fez foi informar ao dono da hospedaria, anunciando a morte de 'Marinho'. O dono da hospedaria, atônito, permaneceu emudecido. Neste instante, chegou inesperadamente sua filha, que há tempos era escrava do demônio, e contou (...) a verdade - que um soldado a tinha enganado e seduzido -, e imediatamente foi liberada daquela possessão diabólica, constituindo, assim, o primeiro milagre de Santa Marina.

O abade ordenou que o corpo da santa fosse exposto na capela do mosteiro e (...) das proximidades vizinhas afluíram muitas pessoas àquele local para velar seu corpo e admirar tamanha maravilha da Graça Divina, louvando a Deus o seu nome. Marina foi sepultada no mosteiro ao som de hinos e salmos invocando a Deus sua pureza e santidade. Muitos milagres aconteceram por intercessão de Santa Marina e em 17 de julho de

1230 as suas relíquias foram transportadas para Veneza, na Itália, onde se conservam até hoje, na Igreja Santa Maria Formosa. E assim Santa Marina, exemplo de humildade e fidelidade a Deus, é invocada pelos fiéis como poderosa intercessora diante de Jesus, nos casos de maiores provações, doenças ou calúnias."

Uma tradição da Catalunha

Há muitas biografias de Santa Marina. Aliás, como se pode observar, com nomes diferentes, mas cujos detalhes assemelham-se em diversos pontos. A biografia a seguir é oriunda de tradição religiosa da Catalunha, região da Espanha, da cidade de Pratdip. Nesta pequena aldeia, muito da vida religiosa transita ao redor do nome de Santa Marina. Registramos aqui o que pudemos recolher a respeito desta versão da história de nossa Marina. O texto, em bom catalão, foi traduzido gentilmente pelo nosso amigo poliglota André Marinho, que é palestrante espírita no Rio de Janeiro, e que a nós foi apresentado por nossa querida Suzana Maia Mousinho. Como ele é homônimo de nossa personagem, consideramos que já nasceu, de alguma forma, vinculado a esta história. Eis o texto:

"Rezam as tradições que nossa patrona nasceu na cidade egípcia de Alexandria, entre os séculos III e IV. Era filha de uma nobre família e cedo percebeu como seu futuro estava confuso, graças à morte prematura da mãe. O pai, com o luto, desejou exilar-se na vida monástica. No entanto, algo o impedia: não queria deixar sua querida filha. Justamente por isso e, também, para atender à sua própria vocação religiosa, Marina decidiu acompanhá-lo, renunciando à feminilidade. Entrou no monastério disfarçada de rapaz, com o pseudônimo de Frei Marinho.

Durante os primeiros anos de monastério, a vida lhe foi favorável. Sua santidade e caridade cristã faziam com que todos a amassem. Após a morte do seu pai, chegaram os dias difíceis.

Encarregada das arrecadações, em dia de grande temporal se viu obrigada a pernoitar na casa da família de Pandóquio. Dias depois, com perplexidade, era acusada pela filha da casa de a haver seduzido. A agitação criada foi grande, como grande era o pecado que imputavam a ela. Sem poder revelar sua identidade oculta, decidiu, alentada pela fé, aceitar e suportar o castigo que lhe impuseram. Flagelada e repudiada no monastério, foi expulsa e condenada a padecer a vergonha pública diante das escadas de um templo naquela cidade. Sofreu todo tipo de humilhações e, inclusive, teve que cuidar da criancinha nascida do ato não cometido.

Com muita resignação viveu este martírio de humilhações e após cinco anos os clérigos a condenaram à pena de 'purificação' diante de todos. Suplicou a readmissão ao monastério, conseguindo ser a mais ínfima de todos os monges, sobre a qual recaíam os mais duros trabalhos. Adoecendo, diante desse calvário, abraçou a doce morte, acompanhada por cinco frades. Enquanto a envolviam nos panos para o sepultamento, descobriram a verdadeira identidade do defunto: 'Pelo amor de Deus! É uma mulher!'

Imediatamente correu a notícia ao vox populi, como se fazia então, e ela foi proclamada santa, virgem e mártir. Inclusive, dizem que Rimastra, doente de remorso, reuniu as últimas forças para ir chorar sobre a tumba de Frei Marinho. O arrependimento foi tão grande e sincero que o milagre da cura se realizou e nossa patrona, símbolo de coragem e firmeza, também o é de fortaleza. A morte, contudo, não é o fim deste breve panegírico, posto que o desnudar-se dos santos é a grande vivência de uma vida de peregrinação.

Segundo (...) Padre Sirisi, em seus sermões, escritos por volta de 1910, foi um fiel que, cativado por esta história, conseguiu transladar os restos da santa à sua cidade natal, em 17 de julho de 1113.[15] Mais tarde, o Rei Martim I, o Belo, da Coroa de Aragão, conseguiu tal privilégio para Barcelona, onde jazeu, a partir de 10 de fevereiro de 1420, no convento da Merced. Cem anos depois, dali saíram as relíquias para o Santuário da Misericórdia, na cidade catalã de Reus. Atualmente, a festividade da patrona é o dia 18 de julho e comemora-se no domingo mais próximo da data." (...)[16]

---

[15] Sabe-se, por informação de nosso querido Chico Xavier, que quem levou as relíquias de Santa Marina de Alexandria para a península itálica foi o seu próprio pai, reencarnado como o cruzado Godofredo de Bouillon. Vide Chico: diálogos e recordações, de Carlos Alberto Braga Costa, publicado pela União Espírita Mineira, em 2006, e o capítulo De volta à península itálica, deste volume, à página 105.
[16] Disponível em: <http://www.pratdip.cjb.net/>. Acesso em: 12 out. 2007.

IV

Teatro e poesia para Santa Marina

(...) Deixando a Ponte Fabricius, ela caminhou ao léu, procurando alcançar a Ilha do Tibre, onde se acotovelava a multidão dos pobres. Aos derradeiros clarões da tarde, buscou atravessar a Ponte Cestius (...)

Aonde iria? Não poderia sabê-lo ao certo. Não conhecia Nápoles senão através das descrições do velho avô, quando fazia viagens imaginárias no intuito de ilustrar a neta estremecida. Possivelmente, não chegaria até Nápoles, nem mesmo à Campânia, onde guardava a recordação da irmã e de Caio Fabricius, domiciliados em Cápua. (...) Entretanto, predispunha-se a partir, cheia de confiança em Deus. No instante oportuno Jesus haveria de abençoar-lhe os passos, guiando-os a um destino certo. (...)

Deixando Velétri à esquerda, tomou corajosamente um largo caminho, sobraçando o pequenino e o seu saco de bagagens pobres, caminhando até o completo alvorecer e encontrando-se na antiga vila de Cora, famosa pelo seu templo de Castor e Pólux. Ali uma mulher do povo recolheu-a por minutos, munindo-a de novas provisões, considerando a sua penosa jornada, com o inocentinho ao colo.

Continuando a caminhar, possuída de estranha força, como se alguém lhe guiasse os passos, apesar do rumo incerto, achou-se em breve à margem do rio Astura, atravessando aldeias pequeninas, onde havia sempre um bom coração a lhe prodigalizar uma gentileza fraterna.

Antes do meio-dia, defrontou humildes carreteiros, assalariados pelos ricos senhores da região nos trabalhos de transporte, salientando-se que um deles, de aspecto patriarcal, ofereceu-lhe um lugar a seu lado, mitigando-lhe a dor dos pés. Em breve, assim instalada num veículo bastante ligeiro para a época, a jovem cristã divisava, à frente, as famosas Lagoas Pontinas, vasto terreno sem inclinação, para onde convergem as pesadas massas d'água de alguns rios.

Célia atravessava numerosos grupos de casas, aldeias nascentes ou antigas cidades em ruínas, detendo os olhos tristes, com mais insistência, nas humildes edificações de Forápio (Forum Appü), onde as tradições cristãs de Roma asseveravam que se dera o encontro de Paulo de Tarso com os seus irmãos da cidade de César.

Dentro de suas meditações, a viajante defrontava Anxur, mais tarde Terracina, de onde saía por escarpada encosta da montanha, passando pelas ruínas bem conservadas de castelos antigos, dos mais remotos dominadores. Da culminância, seus olhos abrangiam toda a região das lagoas célebres, bem como vasta extensão do mar Tirreno. (...) Com o pensamento em prece, caminhou quase mecanicamente, observando, angustiada, que se avizinhavam as sombras do crepúsculo...

A estrada corria por um vale apertado, vendo-se-lhe de um lado o oceano e do outro a cadeia das montanhas. Os derradeiros raios do sol douravam a cúpula imensa, quando seus olhos divisaram, à esquerda, uma gruta providencial, formada pelos elementos da natureza. Era, porém, uma edificação natural tão imponente que bastou um exame mais acurado para que se recordasse das lições do avô, em outros tempos, identificando o local com as suas reminiscências dos estudos com o avozinho. Aquela gruta era o local famoso onde Sejano havia salvado a vida de Tibério (...). (...)

Levantando-se pela manhã, Célia alcançou a povoação de Fondi, em cujas cercanias uma criatura generosa acolheu-a por um dia, com ternura e bondade. Foi o bastante para se reconfortar das caminhadas ásperas e longas e, no dia seguinte, punha-se novamente a caminho em direção de Itri, a antiga 'Urbs Mamurrarum', aproveitando o mesmo traçado da Via Ápia. Na véspera, haviam recebido a hospitalidade da natureza, mas, agora, ante as fileiras de casebres ali próximos da estrada, consultava a si mesma sobre o melhor meio de recorrer à piedade alheia, contando, porém, como das outras vezes, com o amparo de Jesus, que lhe forneceria a inspiração mais acertada, por intermédio dos seus lúcidos mensageiros. Foi então que reparou numa choupana rodeada de laranjeiras, onde a vida parecia ser a mais simples e mais solitária. (...) E não tardou tivesse diante dos olhos surpresos uma figura patriarcal e veneranda, que a acolheu com solicitude e simpatia. (...) Marinho (...)."

Excertos dos capítulos III e IV do livro *50 anos depois,* páginas 213-239.

A peça de teatro sobre a vida de Santa Marina, apresentada a seguir, é uma pálida visão do que foi a sua vida. É, entretanto, uma iniciativa louvável, considerando as apresentações feitas da história do *50 anos depois* por alguns grupos espíritas no passado. Contudo, ainda não foi escrita uma peça que pudesse ser montada nas diversas cidades brasileiras, divulgando a vida deste personagem legendário, que é Célia Lucius.

SANTA MARINA, O MONGE
(Uma peça de teatro)[1]

ATO 1

NARRADOR 1:
Um dia de lembrança... porque nos dá a oportunidade de voltar para trás o olhar e questionar de nós mesmos se nossa vida tem agradado a Deus... se no último ano agradou a Deus e se não seria possível mudar o nosso caminho para Deus... um dia também de lembrança

---

[1] Disponível em: <http://www.mari.org/JMS/january00/Saint_Marina_the_Monk.htm>. Acesso em: 18 jun. 2006.

da oportunidade de observar tantas almas santificadas e martirizadas, que ofereceram suas próprias vidas
a Cristo, através de muita dor. Pela graça do Senhor,
apresentaremos a vida de Santa Marina, que mostrou
como imitar o Senhor.

(Uma pessoa anda de um lado para o outro.)

NARRADOR 1:
É um tempo para auto-reflexão. É hora de recordar os
martírios de muitas almas santificadas, que se doaram
ao Senhor. Que lutaram até o fim, até a última gota de
sangue, que preservaram a fé para nós, para que agora
possamos crer. Eles, então, elevaram-se na direção do
Senhor, em sua glória celeste.

NARRADOR 2:
Para isso, morreram.

NARRADOR 1:
Mas eu quero saber se nós poderemos ser perseguidos
por causa do Cristo e receber a vida eterna!!!

NARRADOR 2:
Eu não sei, mas sei que rever a história de uma de
nossas santas favoritas, a Santa Marina, pode nos dar
as respostas.

(Fechar as cortinas.)

ATO 2

NARRADOR 1:
Santa Marina, o monge, era filha de um rico cristão e
chamava-se Marina, antes de tornar-se monge.

(Abrir as cortinas. O pai está sentado numa cadeira e Marina no chão, humildemente escutando suas palavras.)

PAI (lendo a Bíblia, o Salmo 27: 10):
Marina, sua mãe morreu quando você era ainda muito nova e a deixou aos meus cuidados, e eu tenho trazido você para os caminhos do Senhor. Já estou velho e meu coração pede para tornar-me monge. Portanto, vai casar-se.

MARINA:
Eu não quero me casar, quero dedicar minha vida a Cristo, meu Salvador. Quero tornar-me monge, como o senhor.

PAI:
O que você está dizendo? Tornar-se um monge???

MARINA:
Oh! Meu amado pai, por que salvar a sua alma e destruir a minha?

PAI:
Que posso fazer por você, se é uma mulher?

MARINA:
Colocarei roupas de homem.

(Marina levanta-se e anda. Fechar as cortinas.)

ATO 3

NARRADOR 1:
Eles foram para um dos mosteiros e viveram em celas

por 10 anos, lutando a luta espiritual. Mas seu pai, que já estava velho, logo morreu. Ela ficou só e dobrou o seu jejum, orações e ascetismo. Ninguém sabia que era uma mulher e ela alegava sua voz fraca à intensa vida ascética.

(Abrir as cortinas. Entram Marinho, o abade e três monges.)

ABADE:
Marinho, hoje irá à cidade com os seus amigos monges comprar as necessidades do mosteiro. Vá em paz e que Deus os acompanhe.

MARINHO:
Sim, pai, possa Deus ficar com o senhor também.

(Fechar as cortinas.)

NARRADOR 1:
Marinho não costumava ir à cidade com os outros monges, porque era novo, e o abade temia que ele caísse em tentação no mundo externo. Entretanto, ele permitiu dessa vez.

(Abrir as cortinas. O cenário é composto de uma mesa e atrás dela está o vendedor. Soldados andam pelo palco, de um lado para o outro, e Marinho e os outros monges pagam as compras e conversam.)

NARRADOR 1:
Quando Marinho e os monges chegaram na cidade, eles foram para uma estalagem para passar a noite. Nessa mesma noite, um dos soldados ficou na mesma estalagem, observou a filha do estalajadeiro e a dese-

jou, maliciosamente. Ele instruiu a moça a acusar o monge se qualquer coisa desse errado. Alguns meses depois, ela concebeu e seu pai descobriu e pediu que ela contasse quem a havia seduzido.

ESTALAJADEIRO:
Quem fez isso com você? Conte-me! Foi o soldado? Conte-me! Conte-me agora!!!

FILHA DO ESTALAJADEIRO:
Não, pai, não foi o soldado quem cometeu esse pecado. Foi... foi... o jovem monge... Irmão Marinho quem fez isso comigo!

ESTALAJADEIRO:
Irmão Marinho???

(O estalajadeiro faz uma face zangada para o público. Fechar as cortinas.)

NARRADOR 2:
Ele ficou realmente enfurecido e decidiu ir ao convento contar ao superior o que havia ocorrido. Alcançando o mosteiro, esbravejou e insultou os monges.

(Abrir as cortinas.)

ESTALAJADEIRO:
Veja o que o 'seu' Irmão Marinho fez com a minha filha! Ele a desonrou! Que espécie de mosteiro é este aqui?

NARRADOR 1:
O abade atendeu ao estalajadeiro, confortou-o e acalmou-o, até enviá-lo de volta à cidade.

(No palco, o abade acalma o estalajadeiro e mostra a ele o caminho de volta. Ele sai de cena. Marinho entra no palco.)

ABADE:
Como pôde você fazer tal coisa? Por que fez isso? O que o levou a errar assim? Responda-me!

MARINHO:
Sou jovem, eu pequei, perdoa-me, pai.
(Olhando para o céu, fala de si para consigo.)
Pai, o Senhor sabe que não cometi tal pecado. Que seja feita a Tua vontade!

NARRADOR 2:
O abade ficou furioso com ele e o expulsou do mosteiro. Ele ficou morando do lado de fora, por um longo tempo. Quando a moça deu à luz o menino, o estalajadeiro o entregou ao Irmão Marinho. Ele teve que cuidar de um bebê que não era seu e que foi a causa de sua expulsão do mosteiro. Mesmo assim, ele teve um grande cuidado com o bebê.

(Fechar as cortinas. Abrir as cortinas.)

NARRADOR 1:
Mas Marina não era mulher?

NARRADOR 2:
Mas lembre-se de que ninguém sabia disso, nem o superior, e o seu pai já havia morrido!

NARRADOR 1:
Sim, é verdade. Mas ela culpou-se? Ela deveria ter dito que era mulher!

NARRADOR 2:
Se ela tivesse revelado que era mulher, não poderia permanecer no convento e não poderia fazê-lo, pois havia escolhido a vida monástica.

NARRADOR 1:
Poderia haver outra razão. Ela realmente acreditava ser uma pecadora, que merecia a punição, e queria passar o que Jesus passou?

NARRADOR 2:
Exatamente.

NARRADOR 1:
Oh! Que interessante!
(Respira fundo.)
Então, o que aconteceu com a Santa Marina?

NARRADOR 2:
Quando Santa Marina, o monge, morreu, o abade mandou prepará-la para o enterro e trocar as suas vestes surradas para levar o corpo para as orações. Quando eles removeram sua roupa, descobriram que ela era uma mulher. Todos, assim, pronunciaram: 'Deus tenha piedade de nós!' Informaram ao abade, que ficou também estupefato e chorou pelo que fez com ela. O abade então chamou o estalajadeiro e contou a ele que Marina era uma mulher. O estalajadeiro foi em direção ao corpo e chorou muito.

NARRADOR 1:
No fim, todo mundo descobriu a verdade!

NARRADOR 2:
(Para o público)

Sim! Todos nós precisamos tentar, esforçadamente, ser como Santa Marina. Ainda que não tenha morrido como mártir, ela teve a mesma recompensa que eles."

Ode à Santa Marina, o monge

Uma ode em honra à Santa Marina, escrita em *garshuni*, nas línguas árabe e siríaco, foi descoberta no verão de 1999. O autor visitara o monastério de Nossa Senhora de Qannoubine e recolheu um manuscrito quase ininteligível (Arquivo Maronita Patriarcal, em Bkerke, Líbano).

O poeta e a ode

O poeta não assinou o poema. Entretanto, a obra identifica o autor. A beleza e a correção na escrita siríaca demonstram um refinado especialista no estilo siríaco. Deve ter sido um escriba do monastério. A palavra *paciência* figura oito vezes e, de acordo com o estilo de vida monástico, pode-se supor que foi um monge paciente, que passou a empregar a biografia de Santa Marina em sua liturgia diária.

ODE À SANTA MARINA, A MULHER-MONGE DE QUANNOUBIN

1. O homem aproveita a vida através da paciência, como diz a Bíblia.
E a cada um que é paciente até o fim é dado a coroa.
Vemos em Santa Marina uma prova.
Ela aproveitou a glória da alegria através da paciência cheia de graça.

2. Ela viu o mundo como um grande mar de punição.

E os náufragos precisam superar as conseqüências do mal. E que a vida monástica é um portal de salvação e o repositório de esperanças.
Seu espírito ficou escravizado pelo carinho de um ermitão tranqüilo, que acalma a mente.

3. *Quando ela não achou um convento para mulheres para viver enclausurada em sua cela,* ela vestiu-se como um homem e juntou-se aos monges.
Nenhuma pessoa soube sobre ela.
Exceto seu pai, que a aceitou no monastério, onde ele estava.

4. *Ele a estava guiando para um modelo de perfeição, dia e noite,*
até que ela se tornou um brilhante exemplo entre os justos.
As orações tornaram-se, de tal forma, a respiração de seu coração que ela ultrapassou as qualidades de um exemplo espiritual.
Ela adaptou-se ao jejum e ocultou a sua abstinência.

5. *Os notáveis do inferno despertaram as pessoas contra ela através da imoralidade,*
com as setas da vergonha lançadas contra a sua pureza para arruiná-la.
Eles não perceberam, de modo algum, sua pureza.
Eles tentaram acender uma vela diante de um farol.

6. *Eles trouxeram a ela um bebê, considerando-o nascido sob vergonha.*
Ela sustentou essas acusações com a paciência de Jó.
Ela entregou o seu caso ao Juiz dos Corações e o que Ele sabe é inacessível aos homens.
Ela não pediu para exonerar-se do estigma de culpa.

7. Ela criou o bebê por dois anos, com a mais nobre paciência, enquanto ela era um alvo para as setas da repreensão e da intriga.

Mas o Misericordioso quis aliviá-la desta vergonha e acabar com a fraude.

Ele a chamou para Si e com sua morte ofereceu a todos a evidência de sua dignidade.

8. Os monges ficaram estupefatos quando descobriram que ela era uma moça.

Eles lamentaram em remorso, ficaram pasmos e confusos, mas compreenderam a honra de Marina.

Para ela, julgada como um homem, a revelação de que era uma virgem, e que era paciente, foi o bastante para o seu galardão espiritual.

9. Ela disfarçou-se e aceitou o mais amargo dos insultos. Ela aplicou a si mesma os ensinos de Cristo, com paciência incrível:

"Seja paciente e serás salvo, leve minha cruz e serás reconfortado.

Santificado serás, se fores reprovado com palavras vis."

10. Sua mansidão brilhou, iluminadamente, como um modelo de humildade. E era um exemplo vivo para aqueles que buscam iniciar a estrada de perfeita alegria. Interceda por nós, com nosso Salvador, no dia de nossa morte e na hora do nosso julgamento.

A ti oferecemos em glória.

por Guita G. Hourani [2]

---

[2] Disponível em: <http://www.mari.org/JMS/january00/Saint_Marina_the_Monk.htm>. Acesso em: 18 jun. 2006.

Não poderia deixar de apresentar ao leitor os poemas que meu pai, Clóvis Tavares, fez para nossa heroína, na década de 40. Poemas que foram musicados por Juracy de Paula e que constituem a celebração nas modestas homenagens anuais que fazemos ao sublime espírito de Célia, sempre no dia 18 de junho.

GRATIDÃO A CÉLIA

Clóvis Tavares

Ó, Célia, bendita,
Ó, anjo de luz,
Envolve noss'alma
Na paz de Jesus.

Ensina-nos sempre
A amar e sofrer.
No Mestre que amaste,
Queremos viver.

Das sombras de Roma
Até Alexandria,
Sofreste com Cristo,
Ninguém o sabia...

Por isso, irmã santa,
Amamos tua história.
Queremos guardá-la
Em viva memória.

A ti e a teu Ciro,
A todos os teus,
Pedimos a bênção
Da graça de Deus.

Noss'alma te é grata,
Ó, Célia, querida,
Inspira-nos sempre
Nas lutas da vida.

HINO A CÉLIA

Clóvis Tavares

*Recebe, Célia, da amplidão celeste
De nossos corações a humilde flor
Da gratidão mais pura e mais sincera
Que te votamos com ternura e amor.*

*Bendita sejas tu, Célia, bondosa,
Que deixaste a lição de paz e luz
Nos teus caminhos santos e perfeitos,
Acompanhando os passos de Jesus!*

*Nós aqui ainda estamos neste mundo,
Escola abnegada e abençoada,
Aprendendo o amor e a verdade,
Esperando os fulgores da alvorada.*

*Auxilia-nos, pois, tu que venceste!
Dá-nos de teu espírito de luz
As forças do amor, do sacrifício,
Nas estradas de dor de nossa cruz!*

*Bendita sejas tu, ó, Célia, humilde!
Teu lindo apostolado de bondade
Há de ficar eternamente aceso
No grande coração da humanidade.*

*Transmite, Célia, ao teu Ciro querido
A nossa gratidão e amor imenso.
Ao vovozinho Neio, ao Lésio amado
E ao bom Nestório o nosso afeto intenso.*

*Espalha sobre nós o eflúvio e a luz
De tua alma formada de humildade.
Ensina-nos a viver como viveste
Na renúncia, na fé, na caridade.*

Teus passos, tuas lágrimas de dor,
Tua palavra de pureza ungida,
Teu perdão, teu amor ilimitado
São os marcos de luz de nossa vida.

Divina mensageira de Jesus,
Tu que amaste e que sofreste tanto,
Pede a Deus que nos ouça, Célia Lucius,
Que nos dê forças e nos enxugue o pranto!

Encerramos, com estes dois belos poemas de meu pai, grande amigo de Célia Lucius e de seus familiares, este capítulo de poesia. No livro *Sementeira de luz*, de Emmanuel, psicografado pelo nosso Chico e organizado pela nossa estimada Wanda Amorim Joviano, há a informação de que Clóvis Tavares é o amigo de Helvídio Lucius, de quem ele acolhe a sugestão de ir ao encontro cristão e escuta, pela primeira vez, o nome de Irmão Marinho.[3] Este amigo é Rúfio Propércio, nome que meu pai utilizou à época. Também Arnaldo Rocha, companheiro de Chico Xavier nas lides doutrinárias do *Grupo Meimei*, de Pedro Leopoldo, Minas Gerais, declara, em entrevista ao companheiro Carlos Alberto Braga Costa, em *Chico: diálogos e recordações*, que Clóvis Tavares é Rúfio Propércio, o qual ensejou o reencontro de Helvídio com a sua filha perdida.[4]

---

[3] Vide, à página 31 do livro *Sementeira de luz*, no quadro *Reencarnações*, as informações concernentes às vidas sucessivas dos personagens citados.
[4] Para maiores informações sobre o episódio mencionado, vide páginas 297-301 do romance *50 anos depois*.

V

Cenas
de uma
via crucis

"(...) Se me tendes chamado filha, permitireis vos beije as mãos generosas, chamando-vos pai, pelas afinidades mais santas do coração. Acabastes de invocar um nome que me obriga a chorar de emoção, no tumulto de recordações também amargas e dolorosas... Confiarei em vós, qual o fiz sempre ao carinhoso avô, que relembrastes agradecido. Também eu venho de Roma, pelos mesmos caminhos ásperos de amargor e sacrifício. (...) Abandonada e só, receberei, por certo, da vossa experiência nas estradas da vida, o bom conselho que me habilite a fixar-me em qualquer parte, a fim de cumprir a missão de mãe, junto deste pobre inocentinho!

(...) Nas minhas caminhadas, encontrei por toda parte homens impiedosos, que me envolviam com olhares de corrupção e voluptuosidade. Alguns chegaram a insultar minha castidade, mas roguei insistentemente a Jesus a oportunidade de encontrar um espírito benfazejo e cristão, que me fortalecesse!

(...) Confessando-se neta do magnânimo Cneio, o que sensibilizou profundamente o interlocutor, narrou-lhe todos os episódios da sua vida, desde as primeiras contrariedades de menina e moça, na Palestina, e terminando a longa narrativa com a visão do avô, na noite precedente, quando forçada a pernoitar na Gruta de Tibério.

(..) Depois de longa pausa, em que Marinho pareceu meditar no futuro da graciosa companheira, disse, paternalmente:

- Enquanto narravas teus padecimentos íntimos, considerava eu a melhor maneira de ajudar-te neste meu ocaso da vida! (...) Lembra-te de que, ainda agora, eu te falei do meu antigo projeto de levar a filha ao Egito, em trajes masculinos, de modo a arrebatá-la deste antro de corrupção e impenitência. Esse gesto de um pai é bem de um coração amoroso, em franco desespero quanto ao porvir espiritual desta região da iniqüidade. (...) Pois bem: se teu espírito se sente disposto à luta pelo Evangelho, não vacilemos em preparar-te as estradas porvindouras! Ficarás nesta casa pelo tempo que desejares, se bem esteja convicto de que não tardará muito a minha viagem para o Além. Amanhã mesmo entrarás nos teus novos trajes, a fim de facilitar a tua ida para a África, no momento oportuno. Serás 'meu filho' aos olhos do mundo, para todos os efeitos. (...) Tenho o dinheiro necessário para que te transportes a Alexandria e, antes de morrer, deixarte-ei uma carta apresentando-te a Epifânio, como meu sucessor legítimo na sede da nossa comunidade. Lá, tendo empregadas todas as derradeiras economias que consegui retirar de Roma nos tempos idos, é possível que não te criem embaraços para que te entregues a uma vida de repouso espiritual na prece e na meditação, durante os anos que quiseres. (...)"

Excertos do capítulo IV do livro *50 anos depois*, páginas 246-250.

Nossa querida Wanda Amorim Joviano, a irmã da doce Célia, realizou, em três anos consecutivos, uma série de palestras sobre a alma abençoada de *50 anos depois*. Em uma das exposições, apresentou-nos ela o roteiro realizado por sua irmã, no sentido de alcançar o Mar Mediterrâneo e, então, Alexandria. Neste capítulo de imagens, destacamos algumas que ilustram o que podemos chamar de *via crucis* de Célia.

Nesse longo e doloroso caminho percorrido, Célia, num ato de renúncia absoluta, numa atitude genuinamente cristã, evade-se do lar, alcança terras estrangeiras e encontra o seu anjo tutelar, Lésio Munácio.

Reproduzimos nas páginas a seguir algumas fotos das cidades e dos logradouros por onde Célia passou no seu percurso de Roma a Nápoles e de Nápoles a Alexandria.[1]

---

[1] Os créditos das fotos dos logradouros aqui reproduzidos, os quais a nossa heroína percorreu a sua via dolorosa, estão disponíveis em: <http://www.borghitalia.it>, <http://www.santamarina.g12.br>, <http://www.pratdip.cjb.net>, <http://www.mari.org/JMS/january00/Saint_Marina_the_Monk.htm>. Estes endereços foram acessados por diversas vezes durante os últimos dois anos e apresentam indicações de outros sítios da Internet, que, no entanto, remetem o mérito para os mesmos.

Estas fotos da via dolorosa de Célia nos dão uma pálida idéia do que foi uma jovem inexperiente atravessar, na solidão, 210 quilômetros de vias estreitas e sombrias, sem recursos, sem apoio estratégico, sem lanternas, sem dinheiro, na ausência total de qualquer possibilidade material. Todavia, sempre com o amparo divino.

A viagem inicia-se em Roma, onde atravessa as pontes fluviais, de Fabricius e Cestius. Atravessa a Porta Coelimontana e atinge a longa Via Ápia. Conhece novos amigos, é ajudada sempre pela Providência Divina.

Ponte Fabricius

Ponte Cestius

Via Ápia

Circo Maximus

Fachada da Prisão Mamertina, em Roma, onde foram presos
Nestório e Ciro, e onde haviam sido presos, antes, Pedro e Paulo.

Gruta de Tibério, onde Célia pernoitou com o menino
em sua peregrinação pelas ruas de Roma.

Terracina

Terracina

Segundo Pietro Ubaldi, cinco são as condições para que o homem esteja amparado pela providência misericordiosa e justa de Deus:

"1) merecer a ajuda;

2) haver, antes de mais nada, esgotado as possibilidades de suas próprias forças;

3) estar de acordo com as suas condições, em estado de necessidade absoluta;

4) pedir o necessário e nada mais;

5) pedir humildemente, com submissão e fé." [2]

Célia, cumprindo rigorosamente estas condições, chega a Alba Longa. Ruma para Velétri, atravessa o Rio Astura e atinge a Vila de Cora. Impressiona-se com a visão do Templo de Castor e Pólux, e deleita-se contemplando as Lagoas Pontinas, talvez recordando o lago da Palestina, onde quase afogou-se e foi salva por Ciro. Atinge Forápio, em seguida alcança Anxur e Terracina. Tem a plácida visão dos lagos vulcânicos do Lácio e, finalmente, atinge Fondi, quase o fim de sua jornada.

Finalmente, chega a Minturnes, nas cercanias de Nápoles, onde embarca com destino a Alexandria, no Egito, de onde nunca mais irá sair nesta existência.[3]

---

[2] UBALDI, Pietro. *A lei de Deus*. Campos: Fundapu, 1979.
[3] Hoje Trajetto. Pequena vila nas proximidades de Nápoles. Encontram-se ali as ruínas do antigo povoado de Minturnes. Disponível em: <http://portail.atilf.fr/cgi-bin/getobject_?a.124:112./var/artfla/encyclopedie/textdata/IMAGE/>. Acesso em: 24 abr. 2008. Outro sítio da Internet, confirmando a informação de Emmanuel de que Minturnes, na Campânia, é a moderna Trajetto é <http:// links.jstor.org>. Acesso em: 17 fev. 2008. Para ver mais fotos e se informar mais sobre a vida de Célia Lucius/Santa Marina, acesse <http://celiamarina.blogspot.com/>.

VI

Correlações
biográficas

"(...) E, numa radiosa manhã de primavera, (...) tomou o lugar que lhe competia numa galera napolitana que, periodicamente, recebia passageiros para o Oriente. (...) O desembarque em Alexandria verificou-se sem incidentes dignos de menção. (...) O mosteiro, isolado, distava da cidade dez léguas mais ou menos, em marcha de quase um dia, apesar dos bons cavalos atrelados ao veículo.

A filha de Helvídio defrontou o grande e silencioso edifício na hora crepuscular, empolgada pela visão do casario amplo, entre a vegetação agreste.

(...) Transformada no Irmão Marinho, Célia passou a viver a sua vida nova, singular e desconhecida. O mosteiro vasto, onde se reuniam mais de quatro dezenas de cristãos ricos, desiludidos dos prazeres do mundo, era bem um dos pontos de partida do segundo século para o Catolicismo e para o sacerdócio organizado sobre bases econômicas, eliminativas de todas as florações do messianismo. (...) Condenando, embora, tais manifestações nocivas do culto exterior, a filha de Helvídio em breve conquistaria a admiração e a confiança de todos pela retidão do proceder, a evidenciar os mais elevados atos de humildade e compreensão do Evangelho. (...)

O mercado distava três léguas do convento, porquanto estava situado numa grande povoação na estrada de Alexandria. Desse modo, em sua caminhada a pé, (...) a filha de Helvídio era obrigada a pernoitar na única estalagem ali existente, visto ter de esperar a parte da manhã seguinte, quando o mercado exibia os seus produtos. (...) Acontece, porém, que Menênio Túlio, o hospedeiro, tinha uma filha de nome Brunehilda, que reparara os belos traços fisionômicos do Irmão Marinho, tomada de singulares impressões. Embalde se ataviava para lhe provocar a atenção sempre voltada para os assuntos espirituais, irritando-se, intimamente, com a sua afetuosa indiferença, sempre cordial e fraterna.

(...) Foi então que Brunehilda, desenganada nos seus propósitos inconfessáveis, passou a relacionar-se com um soldado romano, (...) cheio de ousadias e atitudes insinuantes. Em breve, a filha do estalajadeiro inclinava-se para o desfiladeiro da perdição, ao passo que o sedutor da sua alma inquieta e versátil se ausentava propositadamente, regressando a Roma, depois de obter o consentimento dos superiores.

Abandonada à sua prova aspérrima, Brunehilda procurou disfarçar os seus angustiosos pensamentos íntimos. (...) Dia chegou, contudo, em que não mais pôde ocultar, aos olhos paternos, a realidade. Recolhendo-se ao leito na véspera de receber o fruto dos seus amores, foi obrigada a cientificar Menênio de quanto ocorria. Tomado de dor selvagem, o coração paterno obrigou a filha a confessar-se plenamente, a fim de poder vingar-se. Brunehilda, contudo, no instante de revelar o nome de quem a infelicitara, sentiu o pavor da situação, dizendo caluniosamente:

- (...) foi o Irmão Marinho, com a sua delicadeza capciosa...

(...) Menênio Túlio, no dia seguinte, ao alvorecer, marchou para o mosteiro levando consigo um pequeno cesto, de que um mísero pequenino era o singular conteúdo.

Chamado à portaria (...) o superior da comunidade ouviu os impropérios de Menênio, com o coração gelado de rancor.

Cientificado de todas as confissões de Brunehilda, em relação a Marinho, mestre Epifânio mandou chamá-lo à sua presença, com a brutalidade dos seus gestos selvagens. (...)

- Irmão Marinho, esta casa de Deus não pode tolerar por mais tempo a tua escandalosa presença. (...)

Célia, em poucos instantes, mergulhou o pensamento dolorido nas meditações indispensáveis, e, valendo-se da mesma fé intangível e cristalina que lhe havia orientado todos os penosos sacrifícios do destino, exclamou com humildade: (...)

- Meu pai, não me expulseis desta comunidade para sempre! (...) Não me desampareis, considerando a palavra do divino Mestre, que se afirmava como o recurso de todos os enfermos e desvalidos deste mundo! Se tenho a alma indigna de permanecer neste retiro de Jesus, dai-me a permissão de habitar o casebre abandonado ao pé do horto. Eu vos prometo trabalhar de manhã à noite no amanho da terra, a *fim de esquecer os meus desvios. Pai Epifânio, se não me concederdes essa graça, por mim, concedei-a por este pequenino abandonado, para quem viverei com todas as forças do meu coração! (...)"*

Irmão Marinho ao ser expulso do mosteiro em Alexandria, sob acusação de prevaricação.

Excertos do capítulo IV do livro *50 anos depois*, páginas 258-272. Imagem disponível em: <http://www.santamarinapolistena.it/ChiesadiSantaMarinaV/tabid/58/Default.aspx.> Acesso em: 05 mai. 2008.

Algumas considerações devem ser estabelecidas entre as biografias encontradas e os relatos de *50 anos depois*.

O primeiro ponto a ser observado é que a história conhecida de Irmão Marinho/Santa Marina é somente a narrada por Emmanuel. Considerando que o leitor destas páginas conhece as particularidades do enredo emmanuelino, reproduzido resumidamente nas páginas introdutórias dos capítulos deste volume, pretendo tecer tais considerações sem alongar-me nos detalhes da narrativa, fazendo, tão-somente, breves analogias.

Partindo do princípio de que seria impossível para qualquer historiador conhecer os detalhes da vida de Célia como uma nobre romana, consideremos, portanto, sua trajetória de Roma a Nápoles, quando conhece Lésio Munácio, que lhe confere a identidade assumida na obra e é recontada nas diversas biografias. Como Célia assume a personalidade do filho de Marinho (Lésio Munácio), que se chamava também Marinho, a tradição católica entendeu que a mulher que se vestiu de homem para entrar no convento era sua filha, cujo nome mais conhecido passa a ser Eugenius.

Outro detalhe é que a tradição entendeu que o suposto pai de Célia fosse viúvo, pois não ouviu-se falar de sua mãe. Ora, a esposa de Lésio Munácio, cuja traição engendrou as profundas transformações do patrício, não era a mãe de Célia. E a mãe verdadeira, Alba Lucínia, não havia morrido. São pequenas incorreções que só poderiam ser elucidadas e reescritas sob uma ótica espiritual. Nenhum olhar humano da época, ou de tempos subseqüentes, estaria apto a essa reconstituição. Os vácuos encontrados pelos narradores da igreja católica foram preenchidos, certamente, por informações orais, por tradições que se armazenaram na memória popular e que, em algum momento, foram registradas.

Outro detalhe é a localização do convento, que é descrito em algumas biografias como sendo em Alexandria do Egito e em outros em Quannoubin, no Líbano. Que fato poderia originar tal discrepância? Remontando à oralidade como fonte de registros, há que se compreender a possibilidade de equívocos. Conta-se que Alexandre, o Grande, fundou, ele mesmo, em seu projeto de expansão persa, cerca de 70 cidades, entre os anos 329 e 323 a.C., às quais denominou Alexandria.[1] Somente por este pequeno detalhe nota-se como foi complicado recontar oralmente a história de alguém que se disfarçou de homem num convento de Alexandria.

O fato fundamental desta pequena resenha é demonstrar que Célia existiu. O romance *50 anos depois* não é uma ficção! Os dados históricos ali narrados correspondem, em sua maioria, às descrições encontradas nos textos de diversas denominações religiosas, principalmente a católica, e em vários idiomas.

---

[1] Disponível em: <http://br.geocities.com/historiaworks/interacoes.html.> Acesso em: 02 jan. 2008.

É importante considerar que mesmo recentemente, como, por exemplo, no século XX, encontramos figuras notórias, cujas biografias podem ser classificadas como rigorosamente documentadas, ou romanceadas, folclorizadas, mitificadas, legendarizadas. No meio espírita, temos o exemplo de nosso Chico Xavier. Quantos escrevem sobre ele de modo romântico, sem preocupação com registros históricos? Está errado? Certamente, não. Entretanto, num futuro próximo, alguns dados estarão discrepantes e muitos dos nossos descendentes poderão obter uma idéia parcial da personalidade deste homem, que se converteu em mito popular. Na história recente do Brasil, temos Padre Cícero, Virgulino Ferreira da Silva (o Lampião), Carlos Prestes, Getúlio Vargas... Quanto folclore não se criou sobre estes personagens reais e que, por força de suas vidas, se tornaram lendas?

Que dizer, portanto, de uma moça disfarçada de homem num mosteiro, caluniada, castigada, humilhada e, por fim, honrada após a sua morte? Quantas versões não se produziram ao gosto do divulgador? *Aumenta um ponto quem conta um conto*! Entretanto, no caso de Célia Lucius, não foi possível a ninguém fazer novos acréscimos, pois seus exemplos de vida excedem incomensuravelmente qualquer folclore, qualquer lenda que se haja criado sobre ela. A Célia real é muito maior que a Célia legendária.

Célia transformou-se em arquétipo! É ela mesma um ideal, um sonho, um projeto para todas as mulheres. Ser como Célia Lucius é, talvez, muito mais que qualquer mulher possa almejar espiritualmente. E não é conquista para uma encarnação, é um projeto remoto, que inclui muita humilhação (exercício para se aprender a humildade) voluntária e/ou compulsória, despojamento (muitas vezes por meio de sucessivas perdas, aparentemente inexplicáveis), até que estes valores se tornem intrínsecos à natureza espiritual.

Célia é histórica! Sua vida contém os fatos mais marcantes narrados na hagiografia católica e maronita. Ela é protetora espiritual de muitas instituições em nosso país, como se vê no livro de seu avô, *Sementeira de luz.*[2]

Seu mês é junho! Seu dia é o 18 de junho e o mês de junho é a época mais indicada para ler e reler o livro na íntegra, e receber um olhar balsâmico desta verdadeira heroína da renúncia e do sofrimento.

---

[2] Vide páginas 136, 145,147,159, 167 e 223 do livro *Sementeira de luz*, cujas mensagens de Neio Lúcio traduzem a grandeza espiritual de Célia.

VII

De volta à
península
itálica

"(...) Dessa vez, Célia não se entregou à peregrinação por caminhos ásperos, mas só Deus poderia testificar os seus imensuráveis sacrifícios. Com inauditas dificuldades, buscou adaptar-se, com o pequenino, à sua nova vida, à custa dos mais ingentes trabalhos, na sua soledade dolorosa, a cujas angústias alguns irmãos do mosteiro estendiam mãos carinhosas.

(...) Durante o dia, trabalhava exaustivamente no cultivo das hortaliças, aproveitando os crepúsculos para as meditações e os estudos, que pareciam povoados de seres e de vozes carinhosas do Invisível. Dia houve em que uma pobre mulher do povo passava pelo sítio, a pé, com um filhinho quase agonizante, buscando as estradas de Alexandria à cata de recursos.

(...) Batendo à porta humilde do Irmão Marinho, este lhe levantou as fibras da alma abatida, convidando-a às preciosas meditações do Evangelho. Solicitado com insistência pela humilde criatura para impor as mãos, qual faziam os apóstolos de Jesus, sobre o doentinho, tal o ambiente de confiança e de amor que sabia criar com as suas palavras, Célia, entregando-se a esse ato de fé, pela primeira vez, teve a ventura de observar que o pequeno agonizante recuperava o alento e a saúde, num sorriso.

(...) Desde esse dia nunca mais a casinhola do horto deixou de receber os pobres e aflitos de todas as categorias sociais, que lá iam rogar as bênçãos de Jesus, através daquela alma pura e simples, santificada pelos mais acerbos sofrimentos.

(...) Nos arredores de Alexandria, a filha de Helvídio havia granjeado a melhor e merecida fama de amor e bondade.

(...) A vida de ascetismo, de abnegação e renúncia dera-lhe uma nova 'facies', que deixava transparecer nos olhos, serenos e brilhantes, a pureza indefinível dos que se encontram prestes a atingir as claridades radiosas de outra vida.

(...) Havia muito começara a entisicar e, contudo, não abandonara a faina apostolar junto dos sofredores. (...) A voz, habitualmente débil, ganhava tonalidades diferentes, como se as cordas vocais vibrassem ao sopro de uma divina inspiração.

(...) A jovem romana, transformada em irmão carinhoso dos infelizes, guardava as mesmas disposições íntimas de sempre, cheia de fé e esperança no Senhor de bondade e sabedoria.

O pequeno enjeitado de Brunehilda, depois de lhe suavizar a soledade por alguns anos com os seus carinhos e sorrisos, havia falecido, deixando-a amargurada e abatida mais que nunca.

(...) grande multidão buscava-lhe os fraternos serviços. (...) Foi aí, aos lampejos do crepúsculo, que seus olhos atentaram numa viatura elegante e nobre,

de cujo interior saltava Helvídio Lucius, que o seu coração filial identificou imediatamente. O antigo tribuno, encontrando a pequena assembléia ao ar livre, procurou acomodar-se como pôde, enquanto nos traços fisionômicos do Irmão Marinho surgiam os sinais da emoção que lhe vibrava na alma...

(...) Enlevado na contemplação do maravilhoso quadro, o filho de Cneio Lucius fixou o famoso missionário, tomado de surpresa estranha! Aquela voz, aquele perfil lembrando um mármore precioso, burilado pelas lágrimas e sofrimentos da vida, não lhe recordavam a própria filha? Se aquele Irmão Marinho vestisse a indumentária feminina, (...) seria a imagem perfeita da filhinha que ele vinha buscando por toda a parte, sem consolação e sem esperança.

(...) Terminadas as interpretações e as preces do dia, enquanto a multidão se retirava comovida, Célia deixara-se ficar no mesmo ponto, sem saber que norma adotar naquelas circunstâncias. No íntimo, contudo, agradecia a Deus a graça sublime de surpreender o espírito paterno tocado de suas luzes divinas, suplicando ao Senhor permitisse ao seu coração filial receber a necessária inspiração dos seus augustos mensageiros. (...)"

Excertos dos capítulos IV a VI do livro *50 anos depois*, páginas 272-309.

No ano de 1980, em uma de suas palestras na *Escola Jesus Cristo*, disse meu pai, exaltando a figura excelsa de Célia:[1]

> *"Numa ocasião, eu tive a felicidade de descobrir, numa livraria pobre do Rio - o chamado 'sebo' - uma pequena biografia de Santa Marina. Dei a Chico Xavier a pequena biografia e aos familiares de Célia Lucius, reencarnados, na época, neste mundo. Nesta pequena biografia se dizia o dia consagrado a Célia pela população católica italiana, especialmente de Veneza, onde estão seus restos mortais, trazidos pelo mesmo Helvídio Lucius numa reencarnação posterior, na Idade Média, em que ele, como 'cruzado', foi a Alexandria e, encontrando a veneração a Santa Marina, resolveu trazer para sua terra os restos do que, no século anterior, foram de sua própria filha. O dia era o 18 de junho."*

---

[1] TAVARES, Clóvis. *Rocha dos séculos*. No prelo.

Sabe-se, pela leitura do *50 anos depois*, que após a morte de sua esposa, Alba Lucínia, Helvídio sofreu uma depressão psíquica, pois não podia perdoar-se pelo fato de haver expulso de casa uma filha indefesa e inocente. Quando Caio Fabricius, seu genro, contou que a havia visto na região da Campânia, Helvídio decidiu encontrá-la. Dirigiu-se a esta região e permaneceu um ano inteiro, de aldeia em aldeia, de cidade em cidade, buscando notícias, rogando ao povo que lhe desse o paradeiro de uma jovem com um bebê ao colo, e que ali estivera havia dez anos. Estava inconsolável quando retornou a Roma após as infrutíferas buscas por toda a península itálica. Envelhecera e novas enfermidades acometiam-lhe o corpo.

Assim Emmanuel descreve a busca de Helvídio:[2]

> *"Então, como se o animasse uma esperança nova, o tribuno converteu todas as dores na preocupação de reencontrar a filhinha expulsa do lar, fosse onde fosse, para alívio da consciência. Desejava morrer para reunir-se à companheira bem-amada, mas quisera levar-lhe também a certeza de que Célia reaparecera, e que, de joelhos, havia suplicado o perdão da filha, a quem não pudera compreender. Com esse propósito, encaminhou-se à Campânia com os filhos, de regresso a Cápua, e, depois de alguns dias de repouso, dispensando a companhia de qualquer servo, a fim de entregar-se sozinho às investigações necessárias, partiu para o Lácio, apesar de todas as súplicas de Helvídia para que aceitasse, ao menos, a companhia do genro. Triste e só, o velho tribuno perambulou inutilmente por todas as cidades próximas de Terracina, estacio-*

---

[2] Vide páginas 296-297 do romance *50 anos depois*.

nando longo tempo junto à Gruta de Tibério, a evocar as penosas recordações do genro. A despeito de todos os esforços, foi em vão que viajou a Itália inteira. Assim que decorrido um ano da morte de Lucínia, regressou a Roma, abatido e desolado como nunca."

Sabe-se também que, "apesar de sua busca haver sido em vão", Helvídio encontrou-se ainda com a filha por duas vezes, em seu mosteiro no Egito. Ela o recebeu a primeira vez como o monge Marinho, que o confortou e iniciou os seus passos no Cristianismo. Na segunda viagem do pai a Alexandria, vendo ela que este vivia seus derradeiros momentos, revelou a sua verdadeira identidade. Helvídio, então, despediu-se deste mundo com a sua ansiedade aliviada. Viu a filha, pediu perdão, foi perdoado, entregou-se à vontade de Deus e retornou à pátria espiritual.

Em suas subseqüentes romagens terrenas, entretanto, Helvídio remoeu uma estranha melancolia. Uma misteriosa nostalgia sempre inebriou as suas existências físicas. Numa delas, ele foi o líder da primeira *Cruzada* e chamou-se Godofredo de Bouillon, considerado pela igreja católica como duque e defensor do *Santo Sepulcro*. Foi o fundador do *Reino Latino de Jerusalém*, sendo o seu primeiro soberano.[3] Foi movido por uma reminiscência vaga, que lhe angustiava em todas as reencarnações, que Godofredo de Bouillon se deparou com a veneração à Santa Marina, em Alexandria. Ele não era mais o mesmo homem - era um valente *cruzado*, que se encantou com a santa amada dos humildes cristãos

---

[3] Disponível em: <http://www.lepanto.com.br/HistGodofredoB.html>. Acesso em: 29 dez. 2007. Outras informações a respeito do nobre cavaleiro *cruzado* estão no livro *Chico: diálogos e recordações,* já citado em nota anterior, que contou com o arquivo mnemônico de Arnaldo Rocha, companheiro de Chico Xavier e de meu pai, Clóvis Tavares, no *Grupo Meimei,* em Pedro Leopoldo | MG.

da África, escutou-lhes as lendas e apaixonou-se por sua história. Algo lhe tocara de modo inexplicável o coração, que não descansou enquanto não fez o traslado de seus restos para Veneza, Itália. Agiu como o pai, portanto, que em vida buscou a filha por toda a Itália e encontrando-a no Egito dez séculos mais tarde restituiu à terra natal os despojos daquela que se santificou na renúncia e no amor.

Assim, governado por um anseio da alma, Helvídio Lucius restaurou a desarmonia que havia imposto a si. É deste modo que a *lei de causa e efeito*, promovida pela reencarnação, permite que todos nós possamos pacificar a nossa consciência.

O ideal sempre renovador e ousado de nosso querido Helvídio esteve presente em sua última encarnação como o Dr. Rômulo Joviano, diretor da *Fazenda Modelo*, em Pedro Leopoldo | MG, sede da Inspetoria Regional da Divisão de Fomento da Produção Animal do Ministério da Agricultura, onde implementou um moderno programa de melhoramento genético do gado. Zootecnista graduado na Escócia e na Inglaterra, conviveu, em estreitos laços de amizade acadêmica, com Ciro e Caio Fabricius, reencarnados no século XX como Alexander Seggie e Frank, respectivamente.[4]

Tal é a lei dos renascimentos múltiplos, com seus elos sucessivos e solidários, que vincula o que outrora estivera desvinculado e produz frutos onde, em outro tempo, o homem semeou destruição.

---

[4] Para maiores informações sobre o assunto, vide páginas 31 e 39 do livro *Sementeira de luz*.

VIII

Ciro
de Éfeso

"(...) Aí tem, Irmão Marinho, minha história amargurada e triste. (...) Relembrando esses acontecimentos, ainda hoje me sinto transportado ao dia terrível em que expulsei do coração a filha querida. Desde que me certifiquei da sua inocência, procuro-a, ansioso, por toda parte; parece-me, contudo, que Deus, punindo meus atos condenáveis, entregou-me aos supremos martírios morais, para que eu compreendesse a extensão da falta. É por isso, Irmão, que me sinto réu da justiça divina, sem consolação e sem esperança. Tenho a impressão de que, para reparar meu grande crime, terei de andar como o judeu errante da lenda, sem repouso e sem luz no pensamento. (...)

As lágrimas abafaram-lhe a voz. Célia também o ouvia de olhos molhados, sentindo-se tocada em todas as fibras do seu coração de filha meiga e afetuosa. Desejou revelar-se ao pai, beijar-lhe as mãos encarquilhadas, dizer-lhe do seu júbilo em reencontrá-lo no mesmo caminho que a conduzia para Jesus... Quis afirmar que o amara sempre e olvidara o passado de prantos dolorosos, a fim de poderem, ambos, elevar-se para o Senhor, na mesma vibração de fé, mas uma força misteriosa e incoercível paralisava-lhe o ímpeto.

(...) A noite ia adiantada e Célia, deixando o coração paterno banhado de consoladoras esperanças, recolheu-se a um mísero cubículo, onde, desfeita em pranto, rogou a Cneio Lucius a esclarecesse naquele transe difícil, por isso que o afeto filial se apossava de suas fibras mais sensíveis. Sorrindo piedoso e calmo, o espírito do velhinho correspondeu-lhe às súplicas, dizendo do seu intenso agradecimento a Deus por ver o filho entre as luzes cristãs, mas advertindo que a revelação da sua identidade filial era, naquelas circunstâncias, inaproveitável e extemporânea, e encarecendo aos seus olhos a delicadeza da situação e as realizações do porvir.

(...) Três dias ali ficou Helvídio Lucius a edificar-se naquela paz inalterável. (...) Por vezes, Célia teve ímpetos de lhe comunicar as carinhosas emoções do seu coração filial e, contudo, estranha força parecia coarctar-lhe a vontade, dando-lhe a entender que ainda era prematura qualquer revelação. Por fim, ao despedir-se, mais fortalecido e confortado, o tribuno falou:

- Irmão Marinho, parto com o espírito tocado de novas disposições e de outras energias para enfrentar a luta e as tristes expiações que me competem na Terra! Rogai a Deus por mim, pedi a Jesus que eu tenha o ensejo e a força de pôr em prática os vossos conselhos. Volto a Roma com a idéia do bem a cantar-me n'alma. Seguirei vossas sugestões em todos os passos e, nesse escopo, é bem possível que o Senhor satisfaça as minhas justas aspirações paternas. Logo que possa, regressarei para abraçar-vos!... Jamais poderei esquecer o bem que me fizestes! (...)"

Excertos do capítulo VI do livro *50 anos depois*, páginas 312-320.

O estudo da vida de Ciro, o bem-amado de Célia Lucius, foi possível porque Emmanuel legou-nos o livro *50 anos depois*. E a nossa querida Wanda Amorim Joviano abriu mão da particularidade das mensagens psicografadas pelo nosso Chico Xavier, no culto do lar de sua família, brindando o público espírita com duas jóias editoriais: *Sementeira de luz*, de autoria de Neio Lúcio, seu avô e de Célia, e *Deus conosco*, de autoria de Emmanuel, que foi Nestório, preceptor doméstico das jovens Helvídia e Célia Lucius, em Roma. Estes livros são os bastidores dos romances de Emmanuel. Recebamos, pois, a oferta generosa de nossa amiga Wanda, por divulgar, para proveito de todos, algo que, por direito humano, só a ela pertencia. Por direito espiritual, entretanto, considerou ela que tais preciosidades deveriam ser conhecidas por todo o público que leu e amou o *Há 2000 anos...*, o *50 anos depois* e o *Renúncia*.[1] Esta literatura complementar, organizada por Wanda Joviano, emoldura os romances de Emmanuel, de forma que, se possível fosse, agregariam a eles ainda mais valores espirituais.

A primeira vez que li o romance *50 anos depois* eu era um adolescente de *mocidade espírita* e o fiz em cinco dias.

---

[1] Romance da lavra de Chico Xavier | Emmanuel, publicado pela FEB em 1944.

Li a série *Emmanuel* em cinco semanas consecutivas e, aos domingos, na minha freqüência natural à *Escola Jesus Cristo*, em Campos | RJ, discutia os pontos mais destacados com os amigos que já haviam também feito essas abençoadas leituras.

Não é novidade alguma relatar a impressão que causa à nossa personalidade o estudo da vida de Célia Lucius, mas é-me forçoso admitir que a figura do jovem escravo de Éfeso sempre me causou uma grave comoção ao espírito.

A esta época segredava-se a revelação de que Ciro era o mesmo Carlos Clenaghan das páginas de *Renúncia*.[2] Quem poderia aceitar que o jovem Ciro, sincero e leal a Jesus, converter-se-ia no duro e tirânico inquisidor Clenaghan? Assim, para evitar más interpretações a respeito da questão da retrogradação espiritual, que segundo a codificação kardequiana é impossível, por muitas décadas ocultou-se tal revelação. Oportunamente, neste texto, ensaiaremos uma hipótese doutrinária para a aparente queda espiritual do referido personagem.

Reconheço que a curta existência de Ciro foi marcada por fortes acontecimentos, que, profundamente, lhe forjaram um espírito estóico e digno. Criado na Éfeso do apóstolo João, foi filho de Nestório, que, por sua vez, foi discípulo de Johannes, que foi discípulo direto de João Evangelista.[3] Bebeu o Evangelho na fonte mais cristalina possível e, provavelmente, recebeu o afago de Johannes e de outros que conheceram João diretamente. Na adolescência, foi afastado da convi-

---

[2] Sobre a personalidade citada - Ciro -, temos, na obra mencionada, três referências reencarnatórias. Para maiores informações, vide as páginas 14 (Pólux), 245 (Padre Carlos Clenaghan) e 450 (Frei José do Santíssimo).
[3] Vide maiores informações sobre Johannes no romance *Ignácio de Antioquia*, à página 179 da referida obra, cujos dados bibliográficos estão à página 165.

vência paterna, após tornar-se órfão de mãe. Permaneceu muito tempo na Índia, onde seus senhores permitiram-lhe os estudos e a leitura farta. Aprendeu o sânscrito e conheceu as leituras dos *upanishads*. Envolveu-se com a cultura védica, apaixonando-se por sua filosofia natural. Associando os conhecimentos cristãos à filosofia dos vedas, aprendeu a idéia das vidas sucessivas e compreendeu o porquê dos insucessos de sua vida presente. Sabia-se um déspota do passado longínqüo. Retornando à Palestina, passou a servir ao tribuno Helvídio Lucius. Com pouco tempo, em razão de seus conhecimentos de navegação, adquiridos no Oriente, foi convidado a levar a família Lucius a um passeio por um lago da cidade de Esmirna. Ciro tinha, então, cerca de 20 anos. Sobre o que ocorrera durante o passeio disse Célia ao seu avô Cneio Lucius, em conversa particular: *"Ciro me dirigia o olhar lúcido e calmo, que me produzia uma emoção cada vez mais intensa e indefinível."*[4]

Contou Célia ao avô que num momento que não sabe explicar como ou porquê, ela caiu do barco, nas profundezas do lago, que era lodoso e, por si mesma, não teve forças para retornar à superfície. Nessa hora, sentiu-se segura pelos braços de alguém. Segundo sua própria narrativa:[5]

> *"Era Ciro que me salvara da morte, com o seu espírito de sacrifício e lealdade, conquistando com esse ato espontâneo a gratidão sem limites de meu pai, e de todos nós um reconhecimento carinhoso e sincero. No dia imediato, meu pai concedeu-lhe a liberdade, muito comovido pelos sucessos da véspera."*

---

[4] Vide página 43 do romance *50 anos depois*.
[5] *Ibidem*, página 44.

A partir de então Célia passou a palestrar diariamente com Ciro, pelos jardins de sua mansão. Nessas conversas, Ciro lhe falou de Jesus, da Índia e das crenças daquele povo na reencarnação. Disse o que aprendera na literatura védica e as suas conclusões pessoais a respeito das conexões das teorias do carma e da transmigração das almas com o Evangelho de Jesus. Explicou a ela várias passagens das escrituras cristãs, sob a ótica reencarnacionista, secundado pela filosofia hindu. Quando, por um momento, pensaram em formar uma família feliz na Terra, Ciro lembrou-lhe que a sociedade da época era absolutamente intolerante e preconceituosa para admitir o amor entre um plebeu e uma aristocrata. Além disso, ensinou a Célia que a verdadeira vida é a vida eterna prometida por Jesus e que buscar uma felicidade terrena poderia ser a maneira de perder a própria vida. Em momento algum abusou de sua inocência. Se uma ternura pura lhe nascia no coração, instantaneamente voltava a si e repreendia-se, reconhecendo que o amor entre eles estava destinado a uma outra vida.

Esse colóquio perdurou por um ano e isso nos permite uma digressão importante. Como entender que duas almas, sintonizadas pelo mais puro sentimento, pudessem suportar a absoluta ausência de contato físico, que consumasse, de alguma forma humana, a extremada emoção que lhes transbordava do ser? Célia confessou ao avô, num diálogo entre duas almas de mesma idade espiritual, que a única vez que um ensaio de carícia ocorreu foi quando, por um minuto, as mãos de Ciro tocaram os seus cabelos e que, súbito perceberam que era improvável qualquer tentativa de aproximação e que a renúncia seria a atitude mais sensata. A lisura do caráter de Ciro fez-se notar sobremaneira por sua temperança e paciência, por sua humildade e autocontrole, que, certamente, ele desenvolvera em sua estadia no país do Ganges, onde as práticas de subordinação das emoções à razão são milenares e assinalam uma grande vantagem da cultura oriental, que ensina a educar os instintos.

Entretanto, um outro servo de Helvídio Lucius, chamado Pausanias, do tipo que se torna instigador e bajulador - como se a destruição de alguém fosse necessária para a estima de seus senhores -, observou as repetidas conversas entre ambos e maliciosamente contou ao patrão. Este, envenenado com as insinuações indignas de Pausanias, pôs Ciro atado a um tronco e deixou-lhe aos cuidados carrascais de seu caluniador, que lhe aplicou, por dois dias, cruéis chibatadas. No entanto, Ciro não odiou o seu senhor, pois, em conversa rápida que pôde ter com Célia, ainda atado ao tronco, pediu a ela que não se revoltasse contra o pai, aludindo que todos devemos aos nossos progenitores um dever diante de Deus, enumerado dentre os dez mandamentos recebidos por Moisés. Falou-lhe como um verdadeiro judeu. Veja no trecho da conversa de Célia e Cneio Lucius:[6]

> *"(...) se não podíamos quebrar preconceitos milenários da Terra, também não deveríamos dar guarida a pensamentos de ingratidão. (...) tínhamos um modelo, um mestre, que não era deste mundo e que o Salvador nos guardaria no céu um ninho de ventura se soubéssemos sofrer com resignação e simplicidade, à maneira dos bem-aventurados (...) que o Cristo também amara muito e, entretanto, perlustrou os caminhos da incompreensão terrestre, sozinho e abandonado; se éramos vítimas de um preconceito ou de perseguições, tais sofrimentos deveriam ser justos, por certo, dado os desvios do nosso passado espiritual, de eras*

---

[6] Vide páginas 48-49 do romance *50 anos depois*.

prístinas, acrescentando que Jesus se sacrificara pela humanidade inteira, embora de coração imaculado como o lírio e manso como o cordeiro. (...) Que valem nossos sofrimentos comparados aos dele, no alto da cruz da impiedade e da cegueira humanas? (...) Célia, minha querida, levanta os olhos para Jesus e caminha!... Quem melhor que nós poderá compreender esse doce mistério do amor pelo sacrifício? Sabemos que os mais felizes não são os que dominam e gozam neste mundo, mas os que compreendem os desígnios divinos, praticando-os na vida, ainda que nos pareçam as criaturas mais desprezíveis e mais desventuradas... Além disso, querida, para os que se amam pelos laços sacrossantos da alma não existem preconceitos nem obstáculos, no espaço e no tempo. Amar-nos-emos, assim, constantemente, esperando a luz do reino do Senhor. Soa, agora, o penoso instante da separação, mas, aqui ou além, estarás sempre viva em meu peito, porque hei de amar-te toda a vida, como o verme desprezado que recebeu o suave sorriso de uma estrela... Poderão, acaso, separar-se os que caminham com Jesus através das névoas da existência material? Não prometeu o Mestre o seu reino ditoso a quantos sofressem de olhos voltados para o amor infinito do seu coração? Sejamos conformados e tenhamos coragem!... Além destes espinhais desdobram-se estradas floridas, onde repousaremos um dia sob a luz do Ilimitado. Se sofremos agora, deve haver uma causa justa, oriunda de tenebroso passado, em sucessivas existências terrenas. Mas a vida real não é esta e sim a que viveremos amanhã, no ilimitado plano da espiritualidade radiosa!... (...)"

Após este encontro doloroso, Célia procurou pela mãe, a bondosa Alba Lucínia, para que ela intercedesse pelo seu bem-amado. É justo reconhecer que desde aqueles tempos recorria-se à mãe para buscar a intercessão, para buscar o perdão, para se buscar misericórdia. É por isso que Jesus, do alto de sua cruz, ofereceu a própria mãe à humanidade inteira, ato representado por João, seu discípulo amado. E é por isso que não devemos querer ser órfãos de mãe no céu. E é por isso que devemos aceitar a oferta de Jesus, a sua doce mãezinha em nossa vida, como beneplácito de Deus. Mãe é sempre aquele ser benévolo que intercede pelos filhos. E Célia pediu que sua mãe intercedesse por Ciro junto a seu pai, ainda de coração endurecido. Helvídio cedeu, no entanto, banindo daquela região o ex-escravo, fazendo-o escoltado por dois servos da própria confiança até o porto de Cesaréia, de onde partiria para nunca mais retornar. Ciro ainda pediu à sua amada que não guardasse mágoa do pai.

O tempo passou e a família retornou a Roma. Na capital imperial, Helvídio recebeu como presente de seu futuro genro um escravo professor, de nome Nestório, que passou a ministrar aulas de cultura romana, história e literatura às duas filhas. A nossa meiga Célia, porém, continuou acabrunhada, melancólica, não conseguindo esquecer-se de seu noivo espiritual. A perda havia sido irreparável para a sua alma nobre e sensível. A jovem apresentou os sintomas do que hoje se conhece como *depressão* e a família pediu a intercessão do avô paterno, Cneio Lucius, considerando tal melancolia fruto da influência cristã sobre seu espírito manso. O aconselhamento do avô teria por objetivo convencê-la da superioridade da mitologia greco-romana sobre o Cristianismo.

No capítulo *Um anjo e um filósofo* (27-58), Emmanuel discorre sobre o colóquio entre ambos. Paradoxalmente, ocorreu o inverso do efeito esperado. Célia cristianizou o avô. A criança convenceu o ancião. Apesar da grande diferença etária, possuíam a mesma idade espiritual. Cneio Lucius entendeu a mensagem cristã, que penetrou o seu coração pela boca da meiga Célia. Não obstante as novas crenças, manteve o ancião a sua nova fé em sigilo, o que foi de enorme valia para todos, pois, com a sua influência no governo, pôde auxiliar não apenas à neta, mas a muitos outros, inclusive seu futuro benfeitor, Lésio Munácio.

Uma noite, Célia foi levada por uma amiga de sua mãe, Túlia Cevina, a uma reunião cristã. Lá reviu, num só tempo, o seu Ciro e Nestório, seu professor. Ouviu os cânticos que aprendera com Ciro na Palestina e cantou com os cristãos nas catacumbas. O momento do reencontro de Célia e Ciro foi o mesmo do jovem com seu pai, Nestório, surpreendendo a menina ao saber que seu amado era filho de seu preceptor. Pai e filho abraçaram-se, descobrindo-se ambos exescravos de Helvídio Lucius. Ciro, por sua vez, explicou que no porto de Cesaréia o comandante do barco conservou-lhe a liberdade, permitindo que fosse para Roma, onde jamais imaginaria reencontrar a ambos.

Após a reunião, pai e filho seguiram para o pequeno apartamento de Nestório e ali passaram o resto da noite em conversação íntima, pensando nas decorrências de tal reencontro, em função dos fatos desagradáveis ocorridos na Palestina. Naquela manhã, Nestório, que era igualmente funcionário da prefeitura dos pretorianos, enviou recado ao censor Fábio Cornélio informando que não trabalharia naquele dia, indo, em seguida, buscar os pertences do filho para recebê-lo em sua modesta e pequena habitação. É preciso abrir aqui um pequeno parêntese para explicar que Nestório, após tornar-se liberto, passou a alugar um pequeno apartamento e a dar aulas particulares, além de trabalhar com o censor Fábio Cornélio, sogro de seu patrão. Estaria em vias, portanto, de se tornar um profissional liberal bem-sucedido, não fosse ele fiel à fé cristã.

Por ironia do destino, o mesmo Pausanias, delator de Ciro na Palestina, estivera, furtivamente, presente à reunião dos cristãos, na noite do encontro memorável. Na seqüência, denunciou Nestório e Ciro ao censor Fábio Cornélio, que, contrafeito, imediatamente ordenou a prisão dos dois e de 300 pessoas. Conta-nos Emmanuel que *"entre mais de três centenas de criaturas, apenas trinta e cinco reafirmaram a sua fé em Jesus Cristo, com sinceridade e fervor irredutíveis."*[7] Para estas não haveria perdão, a menos que abjurassem publicamente da fé em Cristo e confessassem fidelidade a Júpiter. É interessante esta contabilidade. Dez por cento configuram uma taxa de perseverança, autenticidade, coragem e fidelidade. Assim como de dez hansenianos apenas um retornou a Jesus para agradecer, das três centenas de cristãos apenas 10 por cento reafirmaram a sua fé. Gratidão e fidelidade são virtudes que estão na mesma faixa de vibração espiritual. O homem que vive a gratidão é sincero, tem coragem, retorna, enfrenta riscos, zombaria e críticas mordazes, e cumpre com o dever da fidelidade. A taxa de gratidão contida na narrativa da cura de Lucas (17: 12-19) é confirmada no episódio do testemunho dos cristãos presos em Roma, juntamente com Nestório e Ciro.

Helvídio Lucius, retornando de uma de suas viagens, tomou conhecimento das novidades e solicitou, na Prisão Mamertina, uma entrevista pessoal com Nestório, por quem nutria uma simpatia indisfarçável. Na conversa, Nestório reafirmou sua fé cristã e disse que, apesar de eternamente agradecido a ele, não poderia negar a Jesus. Mas pediu, entretanto, pelo filho. Helvídio, que tinha desprezo por Ciro, disse ser impossível fazer qualquer coisa por ele.

---

[7] Vide página 116 do romance *50 anos depois*.

Dias depois, Célia obteve licença para ir à Prisão Mamertina, acompanhada do avô Cneio Lucius - que havia se tornado secretamente cristão -, a fim de estar, pela última vez, com o seu Ciro e com o seu professor, Nestório. Ao divisar o noivo combalido e macérrimo, Célia foi vencida por um choro convulsivo. Meu pai, numa de suas palestras sobre Célia, nos recordou que Cneio Lucius não recomendou à sua neta que parasse de chorar e sim falou as palavras doces que espera ouvir quem está com o peito angustiado, amargurado e sofrido: *"Chora, filha!... As lágrimas fazem-te bem ao coração!..."*[8] Ciro, entretanto, abatido, mas fortalecido espiritualmente pela fé renovada com a presença vibrante e contagiante de seu pai, diz à noiva:[9]

"Célia, como te entregas ao sofrimento desse modo? Não será melhor morrer pelo Mestre, a quem tanto amamos? Estou muito reconhecido a Jesus, ao receber tua visita nesta cela erma e triste. Desde que fui preso, tenho suplicado fervorosamente à sua misericórdia não me permitisse morrer sem consolar-te! Ainda esta noite, querida, sonhei que havia chegado ao reino do Senhor, aí vendo muitas luzes e muitas flores. Chegando aos pórticos desses paraísos indefiníveis, lembrei-me do teu coração e senti uma saudade profunda!... Queria encontrar-te para penetrar no céu, contigo... Sem a tua companhia, as moradas de luz me pareceram menos belas, mas um ser divino, desses a quem deveremos chamar anjos de Deus, acercou-se, esclarecendo-me, com estas palavras: - 'Ciro, breve baterás a estas portas, livre de qualquer laço que ainda te prende ao corpo

---

[8] Vide página 133 do romance *50 anos depois*.
[9] *Ibidem*, 132-135.

*perecível! Manifesta a tua gratidão a esse Pai de mise-
ricórdia que te concede tantas graças, mas não penses
em repouso quando as lutas apenas começam! Terás
de ressarcir, ainda, muitos séculos de erro e treva, de
ingratidão e impenitência!... Reconforta o espírito
abatido na contemplação dos planos sublimados da
Criação, para que possas amar a Terra com as suas experiências mais penosas, que valem também por divino aprendizado, na escola do amor de Deus!' Então,
querida, pedi àquela entidade pura e carinhosa que,
depois da morte, me auxiliasse a renascer junto de ti,
fosse com a responsabilidade das riquezas terrestres,
ou na condição da maior miséria. E sei que Jesus, tão
poderoso e tão bom, há de conceder-me essa graça.
Não chores mais! Desanuvia o coração nas promessas
divinas do Evangelho! Suponhamos que vou fazer uma
longa viagem, imposta pelas circunstâncias, mas se
Deus permitir, estarei de volta ao mundo, no dia imediato, a fim de nos encontrarmos novamente. Como
será esse reencontro? Não importa sabê-lo, porque,
de qualquer forma, sempre nos amamos pelo espírito, dentro de nossas realidades imortais! Promete-me
que serás alegre e forte, esperando a minha volta.
Não permitas que energias destruidoras te maculem
o coração! (...) Confio no teu valor, espero que jamais estranhes a posição social que o Senhor te haja
concedido. Nas horas angustiadas da vida, recorda-te
que, depois do amor de Deus, deveremos honrar pai
e mãe acima de todas as coisas, sacrificando-nos por
eles com a melhor das nossas energias! (...) Dize-me,
Célia, que amarás sempre a vida, que terás muita fé
e me esperarás, cheia de confiança. Quero enfrentar
o sacrifício com a certeza de que prosseguirás, como
sempre, forte na luta e conformada com os desígnios
do Criador!"*

Célia, então, recordou-se do primeiro encontro no barco em Antipátris e o momento em que os braços vigorosos de Ciro a salvaram sob o peso estupefaciente das águas. Ciro, como que prevendo a capacidade de renúncia daquele espírito iluminado, reafirmou que Deus a queria na Terra e que não fora ele quem verdadeiramente a retirara do lodo do lago, mas Jesus Cristo. E prometeu retornar à arena terrestre para encontrar-se com ela ainda naquela vida, entregando-lhe uma cópia do hino composto por ele mesmo e por Nestório, o nosso Emmanuel, na Prisão Mamertina.

Após este encontro, ocorreu o martírio de pai e filho em festa bárbara, com o massacre dos cristãos, que desencarnaram cantando o hino mencionado, o mesmo presenteado por Ciro à sua noiva:[10]

> *"Cordeiro santo de Deus,*
> *Senhor de toda a verdade,*
> *Salvador da humanidade,*
> *Sagrado verbo de luz!...*
> *Pastor da paz, da esperança,*
> *De tua mansão divina,*
> *Senhor Jesus, ilumina*
> *As dores de nossa cruz!...*
>
> *Também tiveste o calvário*
> *De dor, de angústia, de apodo,*
> *Ofertando ao mundo todo*
> *As luzes da redenção;*
> *Tiveste a sede, o tormento,*
> *mas, sob o fel, sob as dores,*
> *Redimiste os pecadores*
> *Da mais triste escravidão!*

---

[10] Vide páginas 154-155 do romance *50 anos depois*.

Se também sorveste o cálice
De amargor e de ironia,
Nós queremos a alegria
De padecer e chorar...
Pois, ovelhas tresmalhadas,
Nós somos filhos do erro,
Que no mundo do desterro
Vivemos a te esperar.

Dá, Senhor, que nós possamos
Viver a felicidade
Nas bênçãos da eternidade
Que não se encontram aqui;
O júbilo de reencontrar-te
Nos últimos padeceres,
Acende em nós os prazeres
De bem morrermos por ti!...

Senhor, perdoa os verdugos
De tua doutrina santa!
Protege, ampara, levanta
Quem no mal vive a morrer.
A caminho do teu reino,
Toda a dor se transfigura,
Toda a lágrima é ventura,
O bem consiste em sofrer!...

Consola, Jesus amado,
Aqueles que nós queremos,
Que ficarão aos extremos
Da saudade e do amargor;
Dá-lhes a fé que transforma
Os sofrimentos e os prantos
Nos tesouros sacrossantos
Da vida de teu amor!..."

Com a morte de Ciro, a vida de Célia resumiu-se às leituras e orações, até que uma calúnia irrompeu em sua casa. No dia em que seu pai retornou de uma viagem, que durou cerca de um ano, uma serva, chamada Hatéria, trouxera uma criança abandonada para colocá-la na cama de sua mãe, com o objetivo de figurar, para Helvídio, o filho de uma infidelidade conjugal. O objetivo de inculpar Alba Lucínia de infidelidade, entretanto, não funcionou, pois Célia surgiu, despertada durante a noite com o vagido do bebê. Sabedora de que seu pai estava adentrando a casa, tomou suas jóias, entregou-as a Hatéria, disse-lhe que aquela criança doravante seria sua e pediu que ela confirmasse tudo diante do pai. Este, ao entrar e receber da serva a notícia de que sua filha acabava de dar à luz um bebê, ficou de início aturdido e logo em seguida tentou matar a própria filha. Como Alba Lucínia impedira-lhe o gesto, Helvídio expulsou a filha de casa sem apelação, amaldiçoando-a.

Célia se foi com o pequenino ao colo, em meio à noite fria, caminhando assustada pelas ruas da capital do mundo, atordoada e sem saber que direção tomar. Percorreu um longo roteiro, de mais de duzentos quilômetros, de Roma a Nápoles e de Nápoles a Alexandria, de barco. Nesse ínterim, Célia veio a descobrir, através de uma informação espiritual de seu avô Cneio Lucius, e que do outro lado da vida passou a ser seu espírito guardião, que o menino era Ciro reencarnado, em situação expiatória. No decorrer dessa viagem, que durou cerca de um ano, o pequeno desencarnou, pois era muito frágil e enfermo. Após a desencarnação do menino, Cneio Lucius levou Ciro, em espírito, ao encontro de Célia. Disse Ciro à sua noiva:

> *"Célia, (...) não renegues o cálice das provações redentoras, quando as mais puras verdades nos felicitam o coração!... Depois de algum tempo na tua compa-*

nhia, eis-me de novo aqui, onde devo haurir forças novas para recomeçar a luta!... Não entristeças com as circunstâncias penosas da nossa separação pelas sendas escuras do destino. És minha âncora de redenção, através de todos os caminhos! Jesus, na infinita extensão de sua misericórdia, permitiu que a tua alma, qual estrela do meu espírito, descesse das amplidões sublimes e radiosas para clarificar meus passos no mundo. Luz da abnegação e do martírio moral, que salva e regenera para sempre!... Se as mãos sábias e justas de Deus me fizeram regressar aos planos invisíveis, regozijemos-nos no Senhor, pois todos os sofrimentos são premissas de uma ventura excelsa e imortal! Não te entregues ao desalento, porque, antigamente, Célia, meu espírito se tingiu de luto quase perene, no fausto de um tirano! Enquanto brilhavas no Alto como um astro de amor para o meu coração cruel, decretava eu a miséria e o assassínio! Abusando da autoridade e do poder, da cultura e da confiança alheias, não trepidei em destruir esperanças cariciosas, espalhando o crime, a ruína e a desolação em lares indefesos! Fui quase um réprobo, se não contasse com o teu espírito de renúncia e dedicação ilimitadas! Ao passo que eu descia, degrau a degrau, a escada abominável do crime, no pretérito longínquo e doloroso, teu coração amoroso e leal rogava ao Senhor do Universo a possibilidade do sacrifício!... E, sem medir as trevas agressivas e pavorosas que me cercavam, desceste ao cárcere de minhas impenitências!... Espalhaste em torno da minha miséria o aroma sublime da renúncia santificante e eu acordei para os caminhos da regeneração e da piedade! Tomaste-me das mãos, como se o fizesses a uma criança desventurada, e ensinaste-me a erguê-las para o Alto, implorando a proteção e a misericórdia divinas! Já de alguns séculos teu espírito me acompanha com as dedicações santificadas e supremas! É que as almas gêmeas preferem chegar juntas às regiões sublimes da paz e da sabedoria, e, dentro do teu amor desvelado e compassivo, não hesitaste em me estender as mãos dedicadas e generosas, como estrela que renunciasse às belezas do céu para salvar um verme atolado num pântano, em noite de trevas perenes. E acordei, Célia, para as belezas do amor e da luz e, não contente ainda, por me despertares, me vens auxiliando a resgatar todos os débitos onerosos... Teu espírito, carinhoso e impoluto, não vacilou em sustentar-me, através das estradas pedregosas e tristes que eu havia traçado com a minha ambição terrível e desvairada! Tens sido o ponto de referência para minha alma em todos os seus esforços de paz e regeneração, na reconquista das glórias espirituais. Ao teu influxo pude testemunhar minha fé, no circo do martírio, selando, pela primeira vez, minha convicção em prol da fraternidade e do amor universal! Por ti, desterro de mim o egoísmo e o orgulho, sustentando todas as batalhas íntimas, na certeza da vitória! Voltando ao mundo, fui novamente arrebatado dos teus braços materiais, em obediência às provas ríspidas que ainda terei que sustentar por largo tempo! Jesus, porém, que nos abençoa do seu trono de luz e misericórdia, de perdão e bondade infinita, permitirá que eu esteja contigo nos teus testemunhos de fé e humildade, destinados à exaltação espiritual de todos os seres bem-amados que gravitam na órbita dos nossos destinos! E se Deus abençoar minhas esperanças e minhas preces sinceras, voltarei de novo para junto do teu coração, nas lutas ásperas... Espera e confia sempre!... Na sua magnanimidade indefinível, permite o Senhor possamos voltar dos caminhos almos do túmulo para consolar os corações ligados ao nosso e ainda retidos nos tormentos da carne... Somente lá, nas mo-

radas do Senhor, onde a ventura e a concórdia se con-
fundem, poderemos repousar no amor grande e santo,
marchando de mãos dadas para os triunfos supremos,
sem as inquietações e provas rudes do mundo!..."[11]

Ciro comparou-se a um verme no charco a divisar uma estrela no céu, e isso fez-me recordar a canção de Paulo Soledade,
Estrela do mar (1951), em sua primeira e segunda estrofes:

"Um pequenino grão de areia,
Que era um eterno sonhador,
Olhando o céu viu uma estrela,
Imaginou coisas de amor.

Passaram anos, muitos anos,
Ela no céu, ele no mar...
Dizem que nunca o pobrezinho
Pôde com ela se encontrar. (...)"

Ciro passou, desta forma, a acompanhar, de outra dimensão, os acontecimentos novos na vida de sua bem-amada.
Ela encontrou-se com um benfeitor no caminho, Lésio Munácio, antigo nobre romano, que fora traído barbaramen-
te. Como penalidade de sua alegada culpa, foi banido da
sociedade. A pena poderia ter sido a capital, se não fosse
abrandada a pedido de Cneio Lucius, que, à época, manti-
nha muito prestígio na corte. E sem saber que a jovem era
neta de seu protetor, Lésio lhe propôs usar as vestes de seu
filho e apresentar-se a um mosteiro que ele mesmo fundara
e a quem o superior devia muitos favores. Lá Célia viveria
longe dos perigos da sociedade impiedosa.

---

[11] Vide páginas 253-255 do romance *50 anos depois.*

Nesse mosteiro, Célia foi recebida com alguma relutância pelo superior Aufídio Prisco - Pai Epifânio -, pois não tinha bens. Mas foi aceita por causa do nome de Lésio Munácio e também por ter demonstrado saber que o "pai" havia sido o grande benemérito na construção do convento. Em pouco tempo, Célia, a partir dali Irmão Marinho, agradou a todos com o seu conhecimento do Evangelho, explanando com fluência nas reuniões íntimas do pequeno grupo de monges. Enciumado com a popularidade do Irmão Marinho, e temendo ser superado, Epifânio escolheu-a para ser o responsável pelas compras do mosteiro. Tal abastecimento era feito numa pequena aldeia próxima, exigindo a pernoite numa estalagem, o que afastou Irmão Marinho das reuniões e dos comentários evangélicos que ofuscavam a presença do abade.

Numa das viagens, a filha do estalajadeiro, chamada Brunehilda, confessou-se apaixonada por Irmão Marinho, que, a muito custo e paciência, se esquivou da jovem. Esta, afoita, engravidou de um soldado romano, acusando o monge de ser o pai da criança. Quando a criança nasceu, o comerciante chamou Pai Epifânio e disse que entre os seguidores um era o pai da criança concebida por sua filha, vítima de sedução. Mais uma vez, Célia, como Irmão Marinho, assumiu uma criança como filho. Como, de antemão, ela sentiu que o menino era Ciro novamente, recebeu a notícia com alegria.

Do primeiro bebê ela cuidou durante a sua trajetória de Roma a Nápoles, permanecendo juntos apenas por cerca de um ano. O segundo, já em Alexandria, viveu em sua companhia por cerca de 4 anos. Mais tarde, o avô em espírito lhe explicou o motivo das reencarnações breves de Ciro:

> *"(...) Ciro tem necessidade dessas provações, que lhe hão de temperar a vontade e o sentimento para os gloriosos feitos do seu porvir espiritual!... (...) entre os*

mártires do Cristianismo, há os que se desprendem do mundo em missão sacrossanta e os que morrem para os mais penosos resgates... Ciro é do número destes últimos... Em séculos anteriores, foi um déspota cruel, exterminando esperanças e envenenando corações... Mergulhado depois na luta expiatória, renegou as dores santificantes e enveredou pela senda ignominiosa do suicídio. É justo, pois, que agora aprecie os benefícios da luta e da vida, na dificuldade de os readquirir para a sua redenção espiritual, ansiosamente colimada. As experiências fracassadas hão de valorizar o seu futuro de realizações e esforços nobilíssimos. Em face da dor e do trabalho, no porvir que se aproxima, seu coração amará todos os detalhes da luta redentora. Saberá prezar no trabalho ingente e doloroso os recursos sagrados da sua elevação para Deus, reconhecendo a grandeza do esforço, da renúncia e do sacrifício!..." [12]

Ciro retornou ainda, algumas vezes, à arena terrestre. A tônica de sua personalidade, sempre afeita ao Cristianismo, foi, no entanto, vítima da frieza filosófica. Por muitas existências, Ciro investiu-se de compromissos nas lides cristãs, inebriando-se nos falaciosos caminhos da filosofia. Perdeu-se nos questionamentos herméticos e esqueceu-se do valor do sentimento. Confundiu os compromissos espirituais com os compromissos do poder temporal, encontrando mais confiança nas cátedras frias das universidades católicas, e até mesmo nos tribunais da Inquisição, analisando as produções literárias daqueles que poderiam ser condenados por heresia.

No século XVI, vamos encontrá-lo, desencarnado, dialogando com o mesmo espírito de luz, Célia, à época como

---

[12] Vide páginas 304-305 do romance *50 anos depois*.

Alcíone.[13] O encontro se dá em uma região de sofrimento, onde Ciro preparava-se para mais uma experiência na Cristandade.

Ciro estava em região errática, na companhia de seu amigo Menandro, quando divisou o espírito de Alcíone. Recebendo tão nobre visitação, prometeu ele, na futura próxima experiência, renovar os votos de fidelidade a Jesus, sem novamente cair nas tramas da política religiosa, da busca desenfreada do poder, da impiedade gerada pelo intelectualismo filosófico vazio e estéril de espiritualidade e de cristandade. E o Padre Carlos Clenaghan, em sua nova oportunidade, vê escapar-lhe das mãos mais uma graciosa vida ao lado do excelso espírito Célia/Alcíone. Dessa vez, o poder político aliado ao *odium theologicum* converteu-o num inquisidor cruel, que sofreria o seu derradeiro choque anímico quando viu que uma de suas condenadas era a própria Alcíone, que ele tanto amara. O amor entre eles não houvera sido possível, porque ela pediu que ele honrasse os votos sacerdotais, renunciando a uma vida de amor, aconselhando-o a manter-se fiel a Cristo.

Mas ele tornou-se um homem amargo e rancoroso. O amargor de seu coração foi associado a outros incidentes de sua desventurada experiência terrena, narrada no livro *Renúncia*, entre os quais: o abandono da vida religiosa, um consórcio matrimonial infeliz, um reencontro com Alcíone, que, enfim, lhe aceitara a corte, mas o encontra casado, a separação, e, por fim, o retorno à igreja católica como um oficial do Santo Ofício. Ele havia aliado, numa reminiscência reencarnatória dolorosa, as suas experiências de tirano político àquelas de estudioso da filosofia, da intelectualidade,

---

[13] Vide páginas 17-25 do romance *Renúncia*.

da vaidade do conhecimento, da busca compulsiva do saber egoístico, petrificando seu sentimento, enregelando seu coração, solidificando as bases de sua tênue espiritualidade, soerguida em muitas vidas sob a tutela psíquica de Célia/Alcíone.

A imagem que nos facilita o entendimento do que ocorreu com o espírito querido de Ciro/Carlos é a de um aluno que, sob os cuidados de uma professora particular, vai muito bem nos estudos, mas que à hora de comprovar seu conhecimento, nos momentos de testes, fracassa. Esta é a imagem de um espírito que cresce na cultura, mas fraqueja na assimilação da humildade, cresce na vontade de aprender, mas se equivoca ao tentar aplicar a teoria por causa da vaidade. Reparar o mal inclui uma primeira etapa expiatória, onde, involuntariamente, nos é bloqueada a capacidade do erro, através de nossas mutilações corporais. Numa segunda etapa, vêm as provas e os testemunhos.

O nosso querido Ciro se destemperava na hora do testemunho, pois, contando sempre com o influxo do amor de Célia Lucius, uma estrela do céu, iluminando um verme no charco, como ele mesmo assinalou um dia, aprimorava-se na expiação e falhava nas provações. Enquanto estivesse sob fiança psíquica, parecia que tudo iria dar certo, mas no momento da necessária solidão da prova as reminiscências do passado de grandeza, de impiedade e hipertrofia do intelecto lhe amorteciam as frágeis bases do amor.

No século XIX, reencarnou em solo inglês o nosso personagem, na pele do professor Alexander Seggie, homem sincero, cristão verdadeiro, desapegado de bens materiais, despojado de vaidade, desprendido da necessidade dos holofotes da Terra, livre de qualquer sentimento de individualismo e dotado de simplicidade natural. Conheceu um brasileiro de quem foi colega e tornou-se amigo: Dr. Rômulo Joviano, que viria a ser diretor de Chico Xavier na Fazenda Modelo. Durante anos, a amizade dos dois foi muito profícua e o Dr. Rômulo pôde testemunhar o quanto o jovem Seggie foi um cristão sincero e dedicado, a ponto de, certa feita, ajudar a apagar o incêndio de uma casa em chamas e, ao final, perceber que era a sua própria casa. Passou a fazer o bem sem interesse, sem nenhuma necessidade de colocar-se em primeiro lugar. O despojamento foi a nova marca desse nobre espírito, o nosso Ciro de Éfeso, filho de Emmanuel, alma querida de Célia Lucius, vitorioso na humildade, na caridade, na tolerância, no esquecimento de si e na simplicidade.

A experiência de decretar, numa de suas encarnações, a morte de sua amada foi um impacto excessivo para o seu psiquismo e o choque anímico, definitivamente, impôs uma guinada radical em sua trajetória evolutiva. Ciro de Éfeso viveu como o humilde e bondoso professor Alexander Seggie a sua vida de retorno à tão almejada condição de nobreza espiritual. Está hoje na companhia de outros valorosos espíritos, como Emmanuel, Neio Lúcio e demais companheiros de tantas jornadas, sempre amparado pelo espírito sublime de Célia, a nortear o progresso de todos com o mesmo desvelo de sempre, com a mesma paciência de sempre, demonstrando que a suprema tolerância e longanimidade divinas são a sua íntima natureza.

E voltando à analogia do grão de areia e da estrela, da canção de Paulo Soledade, recordo-me de que Chico Xavier foi convidado, ainda criança, a escrever na lousa da sala de aula algo sobre a areia, pois os colegas de escola queriam testá-lo. E ele escreveu, sob a influência de um amigo espiritual: *"Meus filhos, ninguém escarneça da Criação. O grão de areia é quase nada, mas parece uma estrela pequenina refletindo o sol de Deus."*

Comunguemos com esse espírito amigo, que veio em socorro de nosso Chico, ainda uma criança, indefesa, cercada pelo sarcasmo, e vejamos no nosso querido Ciro de Éfeso um grão de areia sim, mas refletor da glória da Criação, refletor da glória de Célia, cuja luz a todos nós pode alcançar, pois uma bênção foi-nos oferecida através da leitura do *50 anos depois*.

Que seja esta a nossa homenagem a Ciro de Éfeso, que hoje vela por nossos acertos e que, como o rei David, oprimido diante do próprio pecado, nunca desanimou, nunca esmoreceu, nunca desistiu, nunca permitiu que o desencanto espiritual o dominasse. Como num autêntico *curso de fisioterapia do espírito*, ofereceu a todos nós, adoecidos pelas artroses e endurecidos pelos reumatismos psíquicos, um exemplo vivo de soerguimento da alma, mesmo nos momentos aparentemente desoladores, para que, efetivamente, reeduquemo-nos para o alcance da maturidade espiritual.

IX

"Quem é este, pois?"

"(...) Todavia *(...) o antigo tribuno adoeceu, sobressaltando o coração dos filhos e dos amigos. Assim esteve um mês, combalido e padecente, quando um dia, melancólico e trêmulo, chamou a filha e lhe disse com a maior ternura:*

- Helvídia, sinto que meus dias neste mundo estão contados e desejava rever o Irmão Marinho, antes de morrer.

(...) Sentindo-se melhor com a consoladora perspectiva de voltar a Alexandria e rever os sítios onde lograra tanto conforto para o espírito abatido, o tribuno preparou-se convenientemente, não obstante os temores da filha, que lhe beijou as mãos enternecida, de coração pressago, quando o viu partir.

(...) Fazia mais de um ano que conhecera de perto o Irmão Marinho. Um ano mais, de trabalhos incessantes ao serviço da caridade evangélica. E Helvídio Lucius, que se deixara fascinar pelo espírito carinhoso do irmão dos infortunados e humildes, não queria morrer sem lhe demonstrar que aproveitara as lições sublimes. Não sabia explicar a simpatia infinita que o monge lhe despertara. Sabia, tão-somente, que o amava com arroubos paternais. (...)

De Alexandria ao mosteiro, viajou numa liteira especial, com o conforto possível. Ainda assim, chegou ao destino grandemente combalido. O Irmão Marinho, por sua vez, estava vivendo os derradeiros dias do seu apostolado. Os olhos se lhe haviam tornado mais fundos e, no rosto, pairava uma expressão dolorosa e resignada, como se tivesse absoluta certeza do próximo fim.

O reencontro de ambos foi uma cena comovedora e tocante, porque Célia também esperava ansiosa o coração paterno, crente de que, em breve, partiria ao encontro dos entes queridos que a precederam nas sombras do sepulcro. (...) Recebeu-o com intenso júbilo, e, embora fraquíssima, providenciou a acomodação imediata dos servos em singela dependência distante, logo voltando ao interior, onde Helvídio a esperava aflito, dado o agravo súbito de todos os seus males.

(...) A noite ia adiantada quando Helvídio Lucius, fazendo a filha sentar-se junto dele, murmurou com dificuldade:

- Irmão Marinho, não cuides mais do meu corpo... Tenho a impressão de estar vivendo os últimos instantes... Guardava o secreto desejo de morrer aqui, ouvindo as vossas preces, que me ensinaram a amar a Jesus com mais carinho... (...) Quis voltar para dizer-vos que procurei pôr em prática as vossas lições sublimes. (...) tudo fiz com a mesma aspiração paterna de encontrar minha filha no plano material... (...) o Senhor não me considerou digno dessa alegria... Esperarei, então, o seu breve julgamento, com o mesmo remorso e com o mesmo arrependimento...

Ante aquele ato de humildade suprema e de suprema esperança no Senhor Jesus, o Irmão Marinho levantou-se e, fitando-o de olhos úmidos e brilhantes, exclamou:

- Vossa filha aqui está, esperando a vossa vinda!... Haveis de reconhecer que Jesus ouviu as nossas súplicas!

Helvídio despediu um olhar penetrante, cheio de amargura e de incredulidade, enquanto, pelas faces pálidas, lhe escorria copioso o suor da agonia.

- Esperai! - disse a jovem num gesto carinhoso.

E volvendo rápida ao interior, desfez-se do burel e vestiu a velha túnica com que se ausentara do lar no momento crítico do seu doloroso destino, colocando ao peito a pérola da Fócida que o pai lhe ofertara na véspera do angustioso acontecimento. E dando aos cabelos o seu penteado antigo, penetrou no quarto ansiosamente, enquanto o moribundo verificava a sua metamorfose, assomado de espanto.

- Meu pai! Meu pai!... - murmurou enlaçando-lhe o busto, com ternura, como se naquele instante conseguisse realizar todas as esperanças da sua vida.

Mas Helvídio Lucius, com a fronte empastada de álgido suor, não teve forças para externar a alegria íntima, colhido de surpresa e assombro indefiníveis. Quis abraçar-se à filha idolatrada, beijar-lhe as mãos e pedir-lhe perdão, na sua alegria suprema. Desejava ter voz para dizer do júbilo que lhe dominava o coração paterno, inquirindo-a e expondo-lhe os seus sofrimentos inenarráveis. A alegria intensa havia rompido, porém, as suas derradeiras possibilidades verbais. Apenas os olhos, percucientes e lúcidos, refletiam-lhe o estado d'alma, dando conta da sua emoção indescritível. Lágrimas silenciosas começaram a rolar-lhe pelas faces descarnadas, enquanto Célia o osculava, murmurando ternamente:

- Meu pai, do seu reino de misericórdia Jesus ouviu as nossas preces! Eis-me aqui. Sou vossa filha!... Nunca deixei de vos amar!...

E como se quisesse identificar-se por todos os modos aos olhos paternais no instante supremo, acrescentava:

- Não me reconheceis? Vede esta túnica! É a mesma com que saí de casa no dia doloroso... Vedes esta pérola? É a mesma que me destes na véspera de nossas provações angustiosas e rudes... Louvado seja o Senhor que nos reúne aqui, nesta hora de dor e de verdade. Perdoai-me se fui obrigada a adotar uma indumentária diferente, a fim de enfrentar a minha nova vida! Precisei desses recursos para defender-me das tentações e furtar-me à concupiscência dos homens inferiores! Desde que saí do lar, tenho empregado o tempo em honrar o vosso nome... Que desejais vos diga ainda, por demonstrar minha afeição e meu amor? (...)"

Excertos do capítulo VI do livro *50 anos depois*, páginas 322-328.

Vivemos uma época de supercomunicação. Há a possibilidade de comunicação instantânea e de acesso absoluto em todo o globo. Isto significa que não há região no planeta não coberta por satélite. A tecnologia já permitiu ao homem a onisciência e a onipresença.

A questão que examinaremos aqui, entretanto, é a surpreendente habilidade de Francisco Cândido Xavier de vivenciar, nele mesmo, uma hipermídia. Converteu a si próprio em canal de intercomunicação. Através de sua complexa e avançadíssima rede de neurônios, em que incontáveis sinapses eram ativadas simultaneamente, tornou-se ele o *interexistente*, como dizia Herculano Pires. As referidas sinapses produziam um fenômeno elétrico em seu cérebro, já estudado pelo nosso caro Dr. Elias Barbosa.[1] Por que então evidenciar o fenômeno Chico Xavier entre inúmeros outros medianeiros da Espiritualidade? A resposta está no paradoxo proposto por Jesus: *"Todo aquele que exaltar a si mesmo será humilhado. Todo aquele que se humilhar será exaltado."*[2]

---

[1] PIRES, J. Herculano. Chico Xavier: o homem-futuro. *Revista Planeta*, (s.l.), n. 10, jun. 1973. Disponível em: <http://www.espirito.org.br/portal/artigos/geae/o-homem-do-futuro-3.html>. Acesso em: 05 mai. 2008.
[2] Lucas, 14: 11.

Chico foi um arquétipo da humildade. E não obstante o respeito a todos os demais intérpretes da Espiritualidade na nossa Terra, ninguém destacou-se de tal modo pela humildade como o médium de Pedro Leopoldo. A prova é que Chico não ocupou-se com a publicação de suas obras. Esperava ele que os dirigentes espíritas, em sua boa vontade, sintonizassem seus pensamentos com a boa vontade dos bons espíritos, que dele haviam se servido para a ampla produção literária.

Disse-nos Paulo de Tarso, no livro *Paulo e Estêvão*: *"Deus tem pressa do serviço bem-feito."*[3] Os autores espirituais sempre tiveram pressa da publicação de seus escritos, entretanto, a humildade de nosso Chico não atropelou o livre-arbítrio dos dirigentes espíritas. Estes é que decidiram como e quando da publicação das obras. Chico compreendeu que seu dever maior era a renúncia da autonomia de sua organização física para que a obra se materializasse.

Todavia, quem foi este que transcomunicou poesia e prosa, ciência e filosofia, evangelização e romances épicos, psicofonia e efeitos físicos e, se não fora ainda o bastante, acrescentem-se, a esse rol mediúnico, as mensagens particulares! Estas sempre foram entregues no original às famílias e de tal maneira despojou-se ele de sua produção que os historiadores espíritas da atualidade buscam na mídia televisiva e na Internet por pessoas que possuam originais psicografados pelo médium Chico Xavier.

Retorno, portanto, a pergunta feita sobre Jesus, dirigida agora ao nosso querido Chico: *"Quem é este, pois?"*

---

[3] Romance sobre o Cristianismo primitivo, uma biografia de Paulo de Tarsus, da lavra de Chico Xavier | Emmanuel, publicado pela FEB em 1941.

Respondo: foi um homem que cumpriu a primeira revelação de Deus a Moisés, sendo, antes de tudo, um ser ético. Um homem que cumpriu com elegância a pregação da humildade e do despojamento da segunda revelação de Deus, trazida por Seu filho. Um homem que seguiu à risca os conceitos do *homem de bem*, proposto por Kardec no capítulo 17 de *O Evangelho Segundo o Espiritismo*.

O cumprimento das três revelações foi a condição da abertura psíquica que o tornou *interexistente*.[4] No caso específico apresentado neste ensaio despretensioso, sobressai a figura surpreendente de Célia Lucius. A certeza antecipada de Emmanuel/Chico Xavier de que os arquivos da igreja católica seriam levantados por alguém é a primeira grande percepção de nosso Chico. Esse alguém foi meu pai, Clóvis Tavares.

É evidente que a epopéia vivida por Célia no segundo século da era cristã viesse a sofrer grandes alterações. Imaginemos o que se contou sobre o Irmão Marinho, convertido em Irmã Marina, após a sua desencarnação. Converteu-se num mito e a sua lenda se espalhou em muito pouco tempo e para localidades distantes. Quem por lá passava escutava a legendária estória de uma moça que, seguindo os passos do pai, viúvo e piedoso, protegeu-se da maldade humana refugiando-se num mosteiro para homens. O episódio era *sui generis* e contar algo inusitado sempre foi da têmpera humana. Considerada mártir pela igreja católica, foi canonizada, possivelmente no século IV ou V. Segundo a tradição catalã, a história de Santa Marina é *"de origem incerta. É venerada nos países catalãos e em todo o arco mediterrâneo. A maioria*

---

[4] *"Chico é o exemplo concreto do homem interexistente, do homem que vive entre duas formas ou planos de existência."* Fonte: PIRES, J. Herculano; XAVIER, Francisco Cândido. *Chico Xavier pede licença*. Ditado por espíritos diversos. São Paulo: GEEM, 1984.

dos santos daqueles tempos foi proclamada santa por 'vox populi', senso comum para beatificação, sem necessidade de revisão eclesiástica."[5] Ela foi canonizada como mártir. Mártir da humildade e do perdão.

Os anos que sucederam a desencarnação de Célia Lucius foram extremamente férteis na produção de lendas, tanto nas redondezas de Alexandria, no Egito, quanto na Capadócia, Líbano, Itália, Espanha e em algumas ilhas do Mediterrâneo. Foram férteis na elaboração de variantes do mito da santa que se vestiu de monge e foi acusada de prevaricar. Expulsa do convento, criou o menino e só após sua morte a verdade foi revelada. Não obstante, em linhas gerais, todas as tradições apresentarem esse enredo, há interessantes adendos que trazem, de vez em quando, informações úteis, assim como os apócrifos em relação a Jesus. Uma das mais relevantes, e que não ficou explícita no texto mediúnico, é a de que Célia amamentou os seus filhos adotivos.

Vou fazer um aparte neste capítulo de tributo à mediunidade excelente de Chico Xavier para, de uma certa forma, complementar um aspecto pouco explicado a respeito de como teria Célia Lucius nutrido e cuidado de dois recém-nascidos, em circunstâncias absolutamente desfavoráveis, quais sejam: após a sua expulsão do lar, pela ruas de Roma, pelo Esquilino, com suas vielas lúgubres e desconhecidas de uma jovem de origem nobre, e no caminho de Nápoles, por toda a península itálica e atravessando o Mediterrâneo em direção a Alexandria. E anos depois, já no Egito, extra-muros do mosteiro, passando fome e frio, novamente com outro menino sob seus cuidados. Baseado nestas duas situações decididamente

---

[5] Disponível em: <http://www.pratdip.cjb.net>. Acesso em: 18 jun. 2007.

adversas, faço algumas considerações acerca da possibilidade de uma mãe não-biológica poder amamentar.

Quem conhece a história de Célia Lucius pode fazer as seguintes indagações:

- *Como Célia nutriu o bebê ao sair da casa de seu pai?* Com leite não humano, obtido pelo caminho através de solicitação direta a terceiros? Certamente, não. Emmanuel omite esse detalhe. Os arquivos católicos não conheceram essa parte de sua vida. Portanto, se ela não dispunha de leite humano ou de uma cabra que a acompanhasse, supõe-se que ela produziu leite em suas mamas.

- *Existe base científica para afirmar que Célia amamentou os seus filhos ao seio?* Sim. Diz a médica Celestina Grazziotin, coordenadora do Banco de Leite Humano do Hospital das Clínicas da Universidade Federal do Paraná e consultora internacional credenciada pelo *International Board Consultant Lactation Examiners* (IBCLE):[6]

> *"Quando a mulher passa pelo processo normal de gestação, principalmente chegando a termo, a fisiologia da lactação ocorre naturalmente, com a ação de todos os hormônios envolvidos desde o início da gravidez, preparando a glândula mamária para amamentação. Mesmo assim muitas puérperas apresentam dificuldades devido à falta de informação, de apoio profissional e familiar competentes. Imaginemos, então, como será o processo de lactação e amamentação para uma*

---

[6] GRAZZIOTIN, C. *Amamentação na adoção*: lactação, relactação adotiva. Disponível em: <http://www.pucpr.br/servicos/programas_saude/palma/arquivos/relactacao.pdf>. Acesso em: 18 jun. 2007.

mulher que adota uma criança. A 'lactação adotiva' refere-se à estimulação da produção láctea em uma mulher que nunca engravidou. Este processo envolve uma série de questões, que exige do profissional capacidade de aconselhamento e profundo conhecimento de anatomia, fisiologia, psicologia e, inclusive, de farmacologia, patologia, etc., relacionados à lactação, que possam interferir positiva ou negativamente nos resultados. É imprescindível que a mulher – mãe adotiva – demonstre um forte desejo de amamentar e consiga obter confiança em si e no profissional que a orienta. Atitudes positivas e motivação facilitam todo o processo, tanto para ela própria quanto para quem lhe dará apoio, como os familiares, com os quais terá que contar, para dispor até de tempo a dedicar às técnicas de estimulação e cuidados com a criança."

Assim diz também o pediatra Marcus Renato de Carvalho, professor de Pediatria da Universidade Federal do Rio de Janeiro (UFRJ), de quem tive a honra de ser colega de turma, na saudosa Nacional de Medicina:[7]

"Na lactação adotiva, o essencial para produzir leite é o estímulo freqüente da mama, que pode aumentar com a ordenha manual ou pelo emprego de adequadas bombas elétricas de extração. O estímulo da sucção aumenta os níveis de ocitocina e prolactina na mulher e, como efeitos secundários, podem ser observadas irregularidades ou ausência de menstruação, o que comprova que o processo está indo bem."

---

[7] CARVALHO, Marcus Renato. Mais um caso de lactação adotiva. Disponível em: < http://www.aleitamento.com >. Acesso em: 18 jun. 2007.

- *Existem, enfim, estatísticas sobre a possibilidade de um nascituro na Antiguidade sobreviver às epidemias e às doenças comuns da infância, principalmente em países frios, sem aleitamento materno?* Penso que seria quase impossível a adaptação de um recém-nato a este mundo, em pleno século II, nas condições em que o primeiro filho adotivo de Célia foi recebido, sem a proteção fisiológica de um leite materno, rico em anticorpos e elementos essenciais não presentes em um leite heterólogo, isto é, de outra espécie animal. Esta opinião é compartilhada pelo meu amigo pediatra Marcus Renato e pelo meu irmão Luís Alberto Mussa Tavares, também pediatra, neonatologista, que acompanha muitos casos de prematuros e os apresenta em seu blog pessoal.[8]

As possibilidades de um bebê não alimentado ao seio contaminar-se e sofrer as infecções comuns da primeira infância são muito grandes. Considerando as condições sanitárias da Europa no século II, as possibilidades de infecção eram muito maiores. Por isso, cremos nas tradições maronitas que alegam que Santa Marina amamentou o seu filho adotivo. E como eles não conheceram a história do primeiro filho adotivo de Célia Lucius, cremos que ela amamentou os seus dois filhos adotivos.

No texto bíblico há o caso de Noemi, cuja nora dá à luz um filho, que é amamentado por ela, que era a avó:

"Então as mulheres disseram a Noemi: 'bendito seja o Senhor, que não deixou hoje de te dar remidor, e seja o seu nome afamado em Israel. Ele te será por restaurador da

---

[8] Disponível em: <http://www.fotolog.com/oprematuro>. Acesso em: 18 jun. 2007.

alma, e nutrirá a tua velhice, pois tua nora, que te ama, o deu à luz, e ela te é melhor do que sete filhos.' E Noemi tomou o filho, e o pôs no seu colo, e foi sua ama."[9]

Considerando agora os mitos e as lendas que se proliferaram na hagiografia de Santa Marina, construí um pequeno exercício de imaginação sobre a origem das discrepâncias históricas entre o relato de *50 anos depois* e os demais encontrados, católicos e maronitas.

Vejamos: estamos em Alexandria e já se passaram 5 anos do desaparecimento do Irmão Marinho, que foi revelado Irmã Marina. Já se fala que ela era filha de um homem piedoso e viúvo, e que no mosteiro se instalou para refugiar-se da maldade humana assim que seu pai falecera. Pai Epifânio não sabia que Helvídio era o pai do Irmão Marinho. A única informação que ele obteve foi a de que Marinho era filho de seu amigo Lésio Munácio. Acredita-se que a construção da lenda parte de informação parcial e equivocada, transmitida oralmente por Epifânio e pelos monges do mosteiro.

A passagem de muitos romeiros pela grande cidade egípcia facultou a disseminação do mito. Nas ilhas do Mediterrâneo, passados mais 10 ou 20 anos, contava-se que a moça era natural de Chipre, de colonização grega. Navegantes do mar Mediterrâneo levaram a lenda para terras espanholas, onde conta-se a história de uma Santa Marina, que morou em Alexandria e cuja memória é viva na cidade catalã de Pratdip.

---

[9] *"Tomó Noemí al niño y le puso en su seno y se encargó de criarlo."* La Santa Bíblia/español. *"Noemi prese il bambino e se lo pose in grembo e gli fu nutrice."* Bíblia Sacra/italiano. *"Naomi prit l`enfant et le mit sur son sein, et elle fut sa garde."* Bíblia de Jerusalém/francês. *"And Noemi taking the child laid it in her bosom, and she carried it, and was a nurse unto it."* Douais - Rheim Version/english. *"E Noemi tomou o filho, e o pôs no seu colo, e foi sua ama."* Ou o amamentou, segundo algumas traduções. Rute, 4: 16.

Mercadores árabes levaram a lenda para a Palestina e para os planaltos do Líbano, onde vários mosteiros cristãos ergueram-se nos séculos seguintes. Houve a incorporação desta legendária santa que, vestida como monge, enfrentou a calúnia com humildade e indulgência. Surgiu, assim, a história da Santa Marina na Bitínia, mais especificamente no mosteiro de Quannoubin, no Vale Qadisha, atual Líbano. Denomina-se ela Santa Marina da Bitínia, Santa Marina Libanesa ou do Quannoubin. Até mesmo os padres do deserto, que praticavam a oração como exercício místico de busca da permanência de imanência divina (hesicasmo), contaram a história de Célia, divulgando-as para os peregrinos russos.

Evidentemente, a primeira parte da história de Célia é absolutamente inacessível. E mesmo entendendo a *interexistência* de nosso Chico, ainda quedamos perplexos e ficamos a indagar de nós mesmos: *"Quem é este, pois?"*

À época da captação das páginas do romance *50 anos depois*, Chico era simples funcionário da Fazenda Modelo, em Pedro Leopoldo, no Estado de Minas Gerais.

A fazenda distava do centro da cidade alguns quilômetros. Chico percorria esse trecho diariamente a pé, ou de charrete, acrescentando algumas horas a mais em sua jornada de trabalho diário. Chegando em casa, tinha ele ainda tarefas domésticas a executar, além de compromissos nas reuniões públicas do *Grupo Espírita Luiz Gonzaga*.

Sabe-se que além dessa exiguidade de tempo, os meios de se adquirir informações minuciosas - como a respeito de uma santa desconhecida do público brasileiro - eram reduzidíssimos. Quem poderia, de antemão, produzir uma narrativa riquíssima, de dados inacessíveis, confirmada, após alguns anos, pela hagiografia? Como é fácil nos nossos dias recompor a história de Célia, fazendo as analogias entre o livro de Emmanuel e os registros advindos de fontes tão diversas como a igreja maronita do Líbano e de uma pequena cidade da Catalunha!

Como é simples, por meio da Internet, acessar os domínios de igrejas e prefeituras, bem como documentos históricos, fotografias, monumentos, que somente confirmam o que a mediunidade prodigiosa de nosso Chico alcançou de modo cristalino e rico de informações nos idos da década de 40!

Como entender esse cérebro conectado em *banda larga* com altíssimas freqüências espirituais, de modo a recompor com detalhes históricos e particulares esta epopéia encantadora revelada por Emmanuel?

Quem é esta potência da hipermídia, que se converteu num atestado de imortalidade?

Nós outros, legatários desse manancial inesgotável que é a bibliografia xavieriana, voltemos o olhar para Deus e agradeçamos a ventura de ter à mão obras editoriais como o *50 anos depois* que, certamente, já alcançaram e alcançam ares da sensibilidade de muitas almas encarnadas, que readquiriram e readquirem ainda esperança e coragem para suportar aflições, tolerar injustiças e almejar a própria regeneração.

Paciência, humildade e fé não são dons comuns ao ser humano. São conquistas espirituais. Enquanto não tivermos estes três dons divinos intrínsecos em nossas almas, necessitaremos ler exemplos de vida como o de Célia Lucius. Precisaremos conhecer personalidades como Chico Xavier para que nos estimulemos espiritualmente. Precisaremos exercitar a paciência, através dos contratempos da vida, aprendendo a tolerá-los. Precisaremos exercitar a humildade no decorrer das humilhações, que necessariamente sofreremos, convertendo-as em aprendizado do espírito. E, finalmente, necessitaremos alcançar a fé, suprimindo o medo que habita nosso espírito.

Exemplos como o de Célia Lucius/Santa Marina revestem-se de uma estranha força, capaz de compelir os desanimados, entusiasmar os pusilânimes e encorajar os tímidos, recompondo seus psiquismos, reestruturando suas predisposições, na conquista da certeza de que nossa biografia é infinita.

Estátua de Santa Marina na Igreja Matriz de Polistena, Itália, onde é a padroeira.[10]

---

[10] Polistena é uma cidadela italiana da região da Calábria, com cerca de 12.000 habitantes. Fotografia disponível em: <http://www.santamarinapolistena.it/Chiesa-diSantaMarinaV/tabid/58/Default.aspx>. Acesso em: 06 jun. 2007.

"(...) Helvídio Lucius sentia que misteriosa força o arrebatava do corpo. (...) Todavia, atestando os profundos sentimentos que lhe vibravam no coração, vertia copiosas lágrimas, envolvendo a filha adorada num olhar amoroso e indefinível. Esboçou um gesto supremo, desejando levar as mãos de Célia aos lábios, mas foi ela quem, adivinhando-lhe a intenção, tomou-lhe as mãos inertes, frias, e osculou-as longamente. Depois beijou-lhe a fronte, tomada de imensa ternura.

Ajoelhando-se em seguida, rogou ao Senhor em voz alta recebesse o espírito generoso do pai, no seu reino de amor e de bondade infinita!... Com lágrimas de afeto e de agradecimento ao Altíssimo, cerrou-lhe as pálpebras no derradeiro sono, observando que a fisionomia do tribuno estava, agora, nimbada de paz e serenidade.

(...) Aos primeiros clarões da aurora, deu as necessárias providências, solicitando a presença dos servos do morto, que acorreram pressurosos ao chamado. Novamente reintegrada no seu hábito de monge, Célia encaminhou-se ao mosteiro e comunicou o fato à autoridade superior, rogando providências. (...) E assim, de manhã bem cedo, um grupo de quatro homens, inclusive os dois servos aludidos, transportavam o cadáver de Helvídio Lucius para a cidade próxima.

(...) Não tinha desesperado o coração, nem o senso do infortúnio lhe consentia queixumes e lamentações. Mas uma saudade singular dos seus mortos bem-amados enchia-lhe, agora, o coração de um como filtro misterioso de indiferentismo para o mundo. Começou a fixar o pensamento em Jesus, mas, em breve, as rosas de sangue começaram a brotar de sua boca, num fluxo contínuo. Alguns irmãos amigos acercaram-se, enquanto Epifânio, tocado no mais fundo do coração, mandava transferi-la para o mosteiro, com a maior solicitude. De nada valeram, porém, os recursos médicos e as supremas dedicações da extrema hora. As hemoptises se prolongavam, assustadoramente, sem ensejarem qualquer esperança.

(...) Dois dias se passaram, de angústia infinita. Durante aquelas horas torturantes, Epifânio deu ordem para que as visitas fossem recebidas. Pela primeira vez, as portas do convento se abriram para os populares e os velhinhos das redondezas se aproximaram do Irmão Marinho, cheios de lágrimas sinceras. Um a um, acercaram-se da jovem, beijando-lhe as mãos trêmulas e descarnadas.

(...) Na noite imediata agravaram-se de maneira atroz os seus padecimentos. Compreendendo que o fim se aproximava, o velho Epifânio perguntou-lhe algo quanto aos seus últimos desejos, e ela, erguendo para o superior o olhar sereno, acentuou:
- Meu pai, rogo que me perdoeis se alguma vez vos ofendi por atos ou por palavras!... Orai por mim, para que Deus tenha compaixão de minha alma... e se é permitido pedir-vos alguma coisa... desejo ver as crianças da escola, antes de morrer...

(...) Depois do meio-dia, todas as crianças da escola penetraram o quarto, respeitosas. O Irmão Marinho, contudo, recostado nas almofadas, enviava-lhes um sorriso bom e compassivo, embora o peito lhe arfasse penosamente. (...) Então, todos, de mãos dadas, rodearam o leito, no qual a enferma oferecia a Deus os seus derradeiros pensamentos, enquanto todos os irmãos da comunidade observavam, chorando, a distância, a cena comovedora e dolorosa. (...) Ela não viu que as crianças ansiosas lhe cobriam de lágrimas as mãos imóveis e alvas, abraçando ternamente o seu cadáver de neve... A um só tempo, todos os irmãos do mosteiro se lançaram comovidos para os seus despojos, ao passo que, no plano invisível, um grupo de entidades amigas e carinhosas conduzia, numa onda de luz e perfumes, aos páramos do Infinito, aquela alma ditosa de mártir.

(...) Prestando as derradeiras homenagens ao Irmão Marinho, os religiosos do mosteiro conheceram a verdade dolorosa. Só então certificaram-se de que o caluniado irmão dos pobres e da infância desvalida era uma virgem cristã, que exemplificava, entre eles, as mais elevadas virtudes evangélicas. Diante do fato imprevisto e passada a comoção do espanto, todos os monges, inclusive Epifânio, se prosternavam humildes, banhados no pranto da compunção e do arrependimento. Debalde procuraram investigar a origem e os antecedentes da jovem mártir, para só conservarem da sua pessoa e dos seus feitos imorredoura lembrança, a fim de poderem, mais tarde, justificar a sua exemplificação santificante. Cheio de amargura, o velho superior da comunidade reclamou a presença de

Menênio Túlio e da filha, para que se esclarecesse a pérfida calúnia, mas, ante o cadáver da virgem cristã e recordando a sua humildade, Brunehilda perdeu a razão para sempre.

Nunca mais a figura de Célia foi olvidada pelos religiosos, pelos crentes, pelos desventurados e pelos aflitos. Convertida em símbolo de amor e piedade, sua memória centralizou, nos arredores de Alexandria, os votos e rogativas das almas fervorosas e sinceras. (...)

Excertos dos capítulos VI e VII do livro *50 anos depois*, páginas 328-336.

Posfácio

Irmãos em nosso Pai Celestial, que os eflúvios santos do amor da Virgem Santíssima sejam derramados sobre vós. Cada casa tem sua história santa. Cada uma é um quadro de Deus e a vossa tem, para mim, encanto singular.

Rápida foi a minha passagem por aqui, porém a lembrança dos lugares santos nunca se apaga. Basta recordar que, nestes sítios, muito meditei na minha adorada Veneza. As noites cheias de estrelas - tudo -, o verde forte da paisagem me faziam lembrar!... Lá minhas devoções com Santa Marinha tinham seus motivos justos. Hoje sei apreciar a luz de sua alma divina!

Sim, irmãos, não é casualmente que nos encontramos no caminho da vida. Como sabereis, por aqui trabalhamos, eu e meus filhos, e não foi sem razão! Um dia nos reuniremos de novo para conversar sob as bênçãos de Jesus.

Vossa serva,

ERNESTA GUADAGNIN
Pedro Leopoldo, 22 de maio de 1941.

Mensagem psicografada por Francisco Cândido Xavier, durante o culto no lar da família Joviano, em Pedro Leopoldo | MG. Cedida gentilmente por Wanda Amorim Joviano para composição do posfácio desta obra, vem testemunhar o acerto das pesquisas empreendidas pelo autor, Flávio Mussa Tavares, e por seu pai, Clóvis Tavares.

Bibliografia
indicada

AMORIM, Wanda Joviano (Org.); XAVIER, Francisco Cândido. *Deus conosco.* Ditado pelo espírito de Emmanuel. Belo Horizonte: Vinha de Luz, 2007.

AMORIM, Wanda Joviano (Org.); XAVIER, Francisco Cândido. *Militares no além.* Ditado por espíritos diversos. Belo Horizonte: Vinha de Luz, 2008.

AMORIM, Wanda Joviano (Org.); XAVIER, Francisco Cândido. *Sementeira de luz.* Ditado pelo espírito de Neio Lúcio. 2. ed. Belo Horizonte: Vinha de Luz, 2006.

NETO, Geraldo Lemos. *Ignácio de Antioquia.* Ditado pelo espírito de Theophorus. Belo Horizonte: Vinha de Luz, 2005.

TAVARES, Clóvis. *Amor e sabedoria de Emmanuel.* 10. ed. São Paulo: IDE, 1996.

TAVARES, Flávio Mussa (Org.); TAVARES, Clóvis. *Novo céu e nova terra.* Ditado pelo espírito de Nina Arueira. São Paulo: Scortecci, 2005. 148 p.

XAVIER, Francisco Cândido. *Há 2000 anos...* . Ditado pelo espírito de Emmanuel. 17. ed. Rio de Janeiro: Federação Espírita Brasileira, 1939. 444 p.

XAVIER, Francisco Cândido. *Paulo e Estêvão.* Ditado pelo espírito de Emmanuel. 18. ed. Rio de Janeiro: Federação Espírita Brasileira, 1941. 556 p.

XAVIER, Francisco Cândido. *Renúncia.* Ditado pelo espírito de Emmanuel. 19. ed. Rio de Janeiro: Federação Espírita Brasileira, 1944. 464 p.

XAVIER, Francisco Cândido. *50 anos depois.* Ditado pelo espírito de Emmanuel. 21. ed. Rio de Janeiro: Federação Espírita Brasileira, 1940. 349 p.

Referências
bibliográficas

AL-BUSTANI, F. E. *Marina al lubnaniat rahibat Qannoubine*. Beirut: Al-Matba'a Al-Katholikiyat, 1983.

AL-BUSTANI, K. *Three women saints from the Orient*. Beirut: Al-Matba'a Al-Katholikiyat, 1959.

BARDSWELL, M. *A Visit to Some of the Maronite Villages of Cyprus, Eastern Churches Quarterly*. v. III. n. 5. (s.l.): 1939. p. 304-308.

BÍBLIA SAGRADA. N. T. São Paulo: Sociedade Bíblica do Brasil, 1969.

CLUGNET, L. Vie de Sainte Marine: Suite. v. 9. *Revue de L'Orient Chrétien*, 1904.

DAHER, B. *Al-Sinksar bi Hasab Taks al-Kanisah al-Intakiah al-Marouniyah*: the Synaxarium According to the Maronite Church in Arabic. Lebanon: (s.n.t.), 1974.

FIEY, J. *De Quelques Saints Vénérés au Liban, Proche Orient Chrétien*. v. XXVIII. (s.l.): (s.n.t.), 1987. p. 18-43.

GUIDI, I.; BLOCHET. E. Vie de Sainte Marine: Suite. v. 7. *Revue de L'Orient Chrétien*, 1902. p. 245-276.

Leia também

Vinha de Luz
Serviço
Editorial

RÉSTIA DE LUZ

Primeiro livro editado pelo Vinha de Luz - Serviço Editorial, lançado por ocasião do bicentenário de Allan Kardec (1804|2004) e dos 140 anos da primeira edição de O Evangelho Segundo o Espiritismo (1864|2004). Traz mensagens recebidas de espíritos diversos, psicografadas pelo médium Geraldo Lemos Neto, que interpretam as lições de O Evangelho Segundo o Espiritismo, nos indicando os caminhos mais certos da vida no permanente convite de nosso Mestre e Senhor Jesus.

ESPÍRITOS DIVERSOS
PSICOGRAFIA DE GERALDO LEMOS NETO

IGNÁCIO DE ANTIOQUIA

Uma viagem ao tempo da simplicidade e da pureza do Cristianismo, em sua mais bela e genuína expressão. Obra mediúnica repleta de episódios históricos do Cristianismo primitivo, que resgata para a memória da humanidade a vida e a trajetória de um dos seguidores mais valorosos de nosso Senhor Jesus Cristo.

PELO ESPÍRITO THEOPHORUS
PSICOGRAFIA DE GERALDO LEMOS NETO

SEMENTEIRA DE LUZ

Voltando à Terra no século XIX, Neio Lúcio encarna a personalidade de Arthur Joviano, cujo núcleo familiar, em missão redentora de um passado longínquo, conta com as presenças de personagens descritos nos romances *50 anos depois* e *Renúncia*. Desprendido em 1934, Neio Lúcio inicia sua comunicação com a família, através da mediunidade de Chico Xavier, em reuniões semanais de culto evangélico na casa de Rômulo Joviano, em Pedro Leopoldo | MG. As mensagens, repletas de sabedoria e amor extremado por todos aqueles com os quais conviveu, são bem a confirmação dos compromissos reparadores que assumimos na Espiritualidade, alicerçados nos ensinamentos de Jesus para nos tornarmos legítimos semeadores da Boa Nova.

PELO ESPÍRITO NEIO LÚCIO
PSICOGRAFIA DE FRANCISCO CÂNDIDO XAVIER
ORGANIZAÇÃO DE WANDA AMORIM JOVIANO

IRMÃO JOSÉ, IRMÃO EM CRISTO

Irmão José, um dos mentores espirituais da Fraternidade Espírita Cristã Francisco de Assis - Fecfas, em Belo Horizonte | MG, é o autor dos textos que compõem este livro. Psicografadas por Ivanir Severino da Silva, que tem, desde os 19 anos de idade, a companhia amorosa do benfeitor amigo, as mensagens configuram o testemunho inconteste de um trabalhador incansável a serviço de Jesus no orbe terrestre, chancelando a máxima kardequiana: *"Fora da caridade não há salvação"*.

PELO ESPÍRITO IRMÃO JOSÉ
PSICOGRAFIA DE IVANIR SEVERINO DA SILVA

ERA UMA VEZ PARA SEMPRE

Voltado à evangelização infanto-juvenil, este livro é um compêndio de mensagens de graciosa narrativa, que enfeixa os ensinamentos do Cristo sob a ótica do Espiritismo, correlacionados a diversos assuntos de ordem espiritual e humana. Suas personagens principais - crianças sedentas de amor e de conhecimento - encantam pela perseverança no bem, sempre amparadas pela nobre e sábia Vovó Angel, que, como o próprio nome já diz, é um anjo do Senhor em suas vidas de aprendizado rumo à luz.

PELO ESPÍRITO BLANDINA
PSICOGRAFIA DE CARLOS MALAB

DEUS CONOSCO

DEUS CONOSCO é o livro que dá seqüência às revelações espirituais inéditas da psicografia de Francisco Cândido Xavier, trazidas a lume pela prestimosa organização de Wanda Amorim Joviano, com a colaboração de Geraldo Lemos Neto. As mensagens, recebidas em sua maioria no culto doméstico do Evangelho no lar da família Joviano, nas décadas de 30 a 50, na Fazenda Modelo, em Pedro Leopoldo | MG, são de autoria de Emmanuel, o espírito responsável pela materialização da extensa bibliografia que tanto esclarecimento e consolação verteu da Vida Maior para a face da Terra, através das abnegadas mãos de Chico Xavier. DEUS CONOSCO nos traz de volta ao convívio os memoráveis discípulos do Cristo, ligados desde priscas eras, cuja missão foi a da revivescência do Cristianismo puro e simples dos tempos apostólicos, no coração humilde e generoso das terras pacíficas do Brasil.

PELO ESPÍRITO EMMANUEL
PSICOGRAFIA DE FRANCISCO CÂNDIDO XAVIER
ORGANIZAÇÃO DE WANDA AMORIM JOVIANO E GERALDO LEMOS NETO

MILITARES NO ALÉM

Dentre os tesouros guardados por Wanda Amorim Joviano, MILITARES NO ALÉM, da lavra de Chico Xavier nos anos de 36 a 52, no mínimo surpreende pela atualidade das mensagens em torno da paz que a humanidade do século XXI tanto anseia. Fruto da sua ingente dedicação no desdobre das tarefas mediúnicas no culto do lar realizado durante muitos anos pelo *Grupo Doméstico Arthur Joviano*, na Fazenda Modelo, em Pedro Leopoldo | MG, este livro relata, na perspectiva espiritual de muitos servidores da pátria, a realidade consoladora do outro lado, onde o trabalho pelo bem não cessa e a esperança é sentimento que inspira a vitória do amor preconizado por Jesus.

ESPÍRITOS DIVERSOS
PSICOGRAFIA DE FRANCISCO CÂNDIDO XAVIER
ORGANIZAÇÃO DE WANDA AMORIM JOVIANO

SERVIÇO EDITORIAL

Fraternidade Espírita Cristã
Francisco de Assis

Rua Coroaci, 50 - Vista Alegre
Belo Horizonte - Minas Gerais
30512-650 - Tel.: (31) 3386-2334

www.fecfas.org.br

Este livro foi composto em tipologia Zapt Humanist, corpo 11,
predominantemente. Capa impressa em papel Supremo 300g
e miolo impresso em papel Pólen Bold 70g.
Lis Gráfica e Editora Ltda., Guarulhos, São Paulo.

www.ingramcontent.com/pod-product-compliance
Lightning Source LLC
Chambersburg PA
CBHW061755120626
46550CB00005B/2007